공감과 소통의 힘

처음 커뮤니케이션학

공감과 소통의 힘

처음
커뮤니케이션학

채희상 지음

봄마중

"미디어 연구자는

샤먼의 신령함과 자연과학의 지식 체계를 겸비한

전자 시대의 대 주술사이다."

_헬무트 하이센뷔텔츠(Helmut Heißenbüttel, 시인 · 소설가, 1921~1996)

공감과 소통의 힘, 커뮤니케이션학

좋은 친구, 부모, 배우자, 동료, 상사, 정치인, 감독, 사장, 바리스타, 교사, 의사…… 아니, 사람이 되기 위한 방법들 중 커뮤니케이션 능력이 빠지는 경우는 거의 없다. 커뮤니케이션은 모든 성공적인 관계의 기반이 되는 역할을 하기 때문이다.

그래서 친구 사이가 좋지 않거나, 가족 간에 갈등이 생기거나, 정치인이 선거에 떨어지거나, 스포츠 팀의 패배나, 광고 마케팅의 실패, 영화 흥행의 부진 등을 커뮤니케이션의 실패에서 찾는 경우가 많다.

반대로 성공의 비결을 꼽는 데 커뮤니케이션 능력이 빠지는 경우도 거의 없다. 커뮤니케이션은 인간이 수행하는 모든 행위의 시작이자 과정이며 목적이기 때문이다.

　세상에 태어난 인간이 사회에 나가 자신의 삶을 살아가기 위해서는 사회화 과정이 반드시 필요하다. 사회화 과정은 한 개인이 자기가 속한 집단의 가치와 규범을 내면화해 가는 과정을 의미한다. 자기를 둘러싸고 있는 환경과 사람들과의 상호작용을 통해 다른 사람과는 다른, 자신만의 독특한 자아를 만들어가는 과정은 커뮤니케이션을 바탕으로 이루어진다.

　소설《정글북》의 주인공인 모글리는 인도의 정글에서 늑대 라마와 라큐샤 등의 동물과 함께 사람과의 관계가 단절된 채 11년 동안 지내다가 인간의 마을로 돌아온다. 그 후 모글리는 인간의 언어를 익히고 사람들과 잘 어울려 살면서 이야기는 마무리된다. 하지만 과연 현실에서도 모글리와 같이 별다른 사회화 과정을 거치지 않고도 다른 사람들과 어울리며 살아갈 수 있을까? 단언컨대 불가능하다.

　현실에서 개, 늑대와 같이 지내다 발견된 야생의 아이들은 사람처럼 걷거나 옷을 입는 것을 불편해 했고 언어 습득도 당연히 매우 느렸다. 아주 오랜 시간이 지난 후에야 겨우 단어 몇 마디를 말했을 뿐이다. 야생의 아이들은 개, 늑대 집단에서 통용되는 커뮤니케이션 방식을 자연스럽게 습득하면서 야생 동물 세계에서 생존할 수 있는 나름의 사회화 과정을 거쳤을 것이다. 그렇기 때문에 그 아이들에게 인간의 커뮤니케이션 방식은 혼란과 두려움을 불러일으키는 일종의 '잡음'이었을 것이다.

인간이 살아가는 세계는 언어와 비언어 그리고 다양한 관습이나 제도 등이 어우러지면서 구조화되는 커뮤니케이션 과정을 통해 실현된다. 커뮤니케이션은 자신의 내부에서 세계를 이해하는 과정에서부터 지구적 차원에서 발생하는 글로벌 문화 커뮤니케이션에 이르기까지, 매우 촘촘하게 연결된 유기적인 네트워크를 형성해낸다.

현대 사회에서 인간과 인간 사이를 연결해 주는 유기적 네트워크는 대부분 미디어를 통해서 구현된다. 지금 읽고 있는 책, 친구들과 문자와 이모티콘으로 대화를 주고받는 스마트폰, 뉴질랜드에 사는 크리에이터가 전해 주는 자연의 풍경을 침대에 누워 감상할 수 있게 해 주는 유튜브 플랫폼, 비디오 게임을 할 수 있도록 해 주는 게임 콘솔, 거리를 걸으며 마주치는 건물의 옥외전광판, 버스 정류장에 설치되어 있는 버스 도착정보 전광판 등 우리 주변은 미디어들로 둘러싸여 있다.

우리는 공기를 무의식적으로 마시는 것처럼 아주 자연스럽게 미디어를 통해 다른 사람들의 기쁨, 슬픔, 아픔 등에 공감하고 메시지를 주고받으며 소통하는 즐거움을 느낀다.

커뮤니케이션학은 사람들이 다양한 미디어를 통해 공감과 소통을 나누는 커뮤니케이션 과정과 의미를 탐구하는 학문이다. 커뮤니케이션 과정을 연구하기 위해 커뮤니케이션학은 여러 분야의 학문적 접근 방식을 유연하게 융합해 적용하는 것을 두려워하지 않는다. 커뮤니케이션의 주체인 '인간', 커뮤니케이션이 실제로 벌어지는 '사회', 커뮤니케이션의 핵심 매개물인 '미디어' 등이 상호작용하는 과정을 이해할 수 있는 데 도움이 되는 다양한 전공이 커뮤니케이션학에서는 어우러진다.

수사학, 언어학, 심리학, 사회학이 중심이 되어 독자적인 학문 체계로 자리 잡기 시작한 커뮤니케이션학은 커뮤니케이션 관련 기술의 발전과 환경의 변화에 따라 인공지능, 데이터 분석, 생태학, 심리생리학, 뇌과학, 기호현상학 등 새로운 학문적 접근방식을 유연하게 채택하며 발전하고 있다.

이 책은 진로와 전공에 관해 고민하고 있는 10대들과 진로 지도를 고민하고 있는 선생님 그리고 부모님들에게 커뮤니케이션학을 소개하기 위한 목적으로 기획되었다. 또 아직 전공을 정하지 못한 대학 신입생이나 커뮤니케이션학에 관심이 있는 일반 독자들에게도 도움을 줄 수 있겠다.

총 7장으로 구성된 목차는 크게 네 부분으로 다시 묶어 볼 수 있다.

첫 부분인 1장에서는 커뮤니케이션학을 공부하는 이유와 학문의 범주를 정리해 보았다.

두 번째 부분인 2장과 3장에서는 커뮤니케이션학의 본질적 특성과 역사를 정리하고 전공 과정에서 무엇을 공부할 수 있는지를 살펴보았다. 3장을 읽으면서 커뮤니케이션학 전공이 있는 각 대학 홈페이지를 방문해 책에서 언급한 교과목을 찾아보면 훨씬 더 구체적으로 커뮤니케이션학과에서 무엇을 공부하는지를 이해할 수 있을 것이다.

세 번째 부분인 4장부터 6장까지는 급속도로 발전하고 있는 관련 기술에 맞추어 변화하고 있는 커뮤니케이션 환경을 인간, 미디어, 세계를 열쇳말로 나누어 살펴보았다.

마지막 네 번째 부분인 7장에서는 커뮤니케이션학을 공부하고자 하는 독자들에게 전하고픈 말을 담았다. 커뮤니케이션학 전공 선택에 도움이 될 수 있도록 커뮤니케이션학의 매력, 졸업 후 진출 분야, 키워야 할 역량 등을 정리해 보았다.

각 장이 끝난 후 덧붙인 '궁금 커뮤니케이션학' 코너에서는 커뮤니케이션학과 관련된 일곱 주제에 관한 영화, 드라마를 소개했다. 소개한 영화나 드라마들은 소통, 미디어, 저널리즘, AI인공지능, 세계 인식, 가상현실, 안드로이드 로봇Android robot과 커뮤니케이션학이 어떤 관계를 맺고 있는지를 좀 더 깊게 이해하고 친구, 선생님, 부모님과 자유롭게 이야기를 나눌 수 있게 해 줄 것이다.

자 그럼, 사람들과 더불어 사는 삶을 위한 조건을 커뮤니케이션의 관점에서 학문적으로 탐구하는 커뮤니케이션학의 세계로 들어가 보도록 하자.

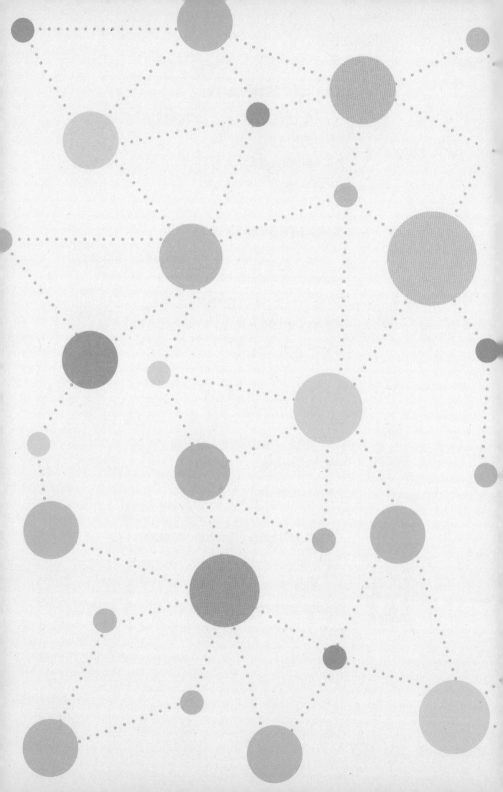

1

왜
커뮤니케이션학일까?

'관계 맺음'을 연구하는 학문

어느 따스한 봄날, 학기가 시작되고 새롭게 만난 친구의 집에
처음 놀러 가는 장면을 상상해 보자. 아마도 현관문을 열고 친구
에게 이렇게 말할 것이다.

"너의 집 와이파이하고 비번 좀 카톡으로 보내 줘."

그리고 이런 대화가 이어질지도 모르겠다.

"나 이제 데이터 얼마 안 남았어. 빨리 보내 줘."

그렇게 와이파이를 연결하고 나서는 친구가 건넨 음료를 마시
며 카톡과 인스타그램을 확인할 것이다.

한 장면만 더 상상해 보자. 카페에서 만난 두 친구. 간단하게 서로의 안부를 묻고 카페 전용 앱^{app}으로 주문한 레몬에이드와 아이스크림이 나오자 테이블에 앉아 각자의 스마트폰을 본다. 서로의 일상에 관한 대화가 간간이 이어지지만 두 친구의 시선은 스마트폰을 향해 있다.

두 장면 모두 다른 사람 그리고 세상과 관계를 맺는 우리의 일상을 보여 준다. '관계 맺음'의 방식과 결과는 시대에 따라 변해 왔다.

1980년대 청소년들이라면 관계 맺음에 와이파이, 스마트폰, 인스타그램, 카톡은 존재하지 않았다. 거실에서 주말드라마를 보고 있는 부모님의 눈치를 보며 텔레비전 옆에 놓인 전화기로 친구들과 대화를 나누거나 약속을 잡을 것이고, 동네 분식집이나 친구 집에 모여 이야기를 나누며 시간을 보낼 것이다. 대화의 주제는 지난주에 본 TV드라마나 주말의 명화, 아니면 새로 발매된 비디오 게임이나 신문 연예 면에 실린 좋아하는 가수에 관한 소식일 가능성이 높다.

인간은 홀로 살아가는 존재가 아니다. 인간은 태어날 때부터 가족을 포함한 많은 사람들의 보살핌으로 성장한다. 인간은 사회의 구성원이 되기 위한 모든 과정 속에서 다른 사람들과 관계를 맺으며 살아간다. 인간이 삶을 살아가기 위해 세상과 관계를 맺으려면

'커뮤니케이션'이라는 과정이 반드시 있어야 한다.

우리말로 '의사소통'으로 번역되는 'communication'은 라틴어로 '나누다'를 의미하는 'communicare'와 명사를 만드는 접미사 '-tion'의 결합으로 이루어진 단어이다.

커뮤니케이션 학자인 윌버 슈람Wilbur Schramm, 1907~1987은 커뮤니케이션을 '(인간) 사회가 작동하는 방식 그 자체the way society lives'로 정의하며 커뮤니케이션이 인간의 모든 활동의 기반이 되는 핵심 요소임을 강조했다. 사회학자인 찰스 호튼 쿨리Charles Horton Cooley, 1864~1929는 커뮤니케이션을 사람과 세상과의 관계 맺음을 위한 일련의 과정으로 정의했다.

"커뮤니케이션은 우리가 관련을 맺고 있는 사람 혹은 세상을 통해 메시지를 보내고, 받고, 해석하는 과정이다."

커뮤니케이션학은 인간이 세상과 다른 사람을 이해하고 자신의 감정이나 의견을 전달하기 위해 메시지를 주고받고 해석하는 과정에 관한 것을 탐구하는 학문이다. 앞에서 상상해 본 장면들 중 카페에서 만난 두 친구의 일상을 커뮤니케이션학의 관점에서 접근해 보도록 하자.

우선 두 사람이 대화를 하는 과정, 주제, 방법 등을 살펴볼 수 있다. 또 만남과 대화가 이루어진 카페의 공간적 특성에 관심을 가지고 접근할 수도 있다. 그리고 왜 두 사람은 서로에게 온전히 집중하지 않고 스마트폰을 끊임없이 사용하는지, 어떤 사이트에 접속하고, 무엇을 하는지 등에 관해서도 관심을 가질 수 있다. 물론 커뮤니케이션의 도구로 사용된 스마트폰과 그 안의 앱, 플랫폼, 콘텐츠 등을 탐구할 수도 있다.

이처럼 '카페에서의 두 사람의 대화'라는 단순한 상황에서도 커뮤니케이션 학자들은 많은 것에 호기심을 가지고 접근하게 된다. 왜냐하면 커뮤니케이션학은 인간과 세계와의 '관계 맺음'과 관련된 거의 모든 것을 연구하는 학문이기 때문이다.

인지혁명과 커뮤니케이션

인류의 역사에 관심이 있다면 잘 알고 있겠지만 현재 지구에 살고 있는 인간은 모두 호모 사피엔스 종에 속한다.

약 7만 년 전 인간호모 속에 속하는 사피엔스가 동아프리카를 벗어나 아라비아 반도를 거쳐 유라시아유럽과 아시아, 그리고 아메리카로 영역을 확장하면서 사피엔스는 세계의 지배자가 되었다.

이스라엘의 역사학자 유발 하라리Yuval Noah Harari, 1976~는 사피엔스가 네안데르탈인호모 네안데르탈렌시스, 호모 에렉투스 등 다른 인간 종과의 경쟁에서 승리한 이유를 '인지혁명'에서 찾고 있다. 이번 장에서는 인지혁명과 커뮤니케이션의 관계에 관해 유발 하라리의 논의를 중심으로 짧게 정리해 보겠다.

인지혁명은 약 7만 년 전부터 3만 년 사이에 사피엔스에게 나타난 새로운 사고와 커뮤니케이션 방식을 의미한다. 사피엔스는 새로운 유형의 언어를 사용함으로써 정교해진 커뮤니케이션 방식으로 자신을 둘러싼 세계에 대해 더 많은 정보를 전달하고 공유하는 능력을 갖추게 되었다. 수십 명의 사람들이 단합해 동물 무리를 낭떠러지나 함정으로 몰아 한꺼번에 몰살시키는 사냥 방식은 사피엔스만의 복잡한 커뮤니케이션 능력이 있어야 가능했다. 향상된 커뮤니케이션 방식은 다른 인간 종과의 경쟁에서 승리하는 원동력이 되었다.

이후 인간의 커뮤니케이션 능력은 계속해서 도약하며 수억 명을 지배하는 제국을 건설하는 것이 가능해졌다. 도약의 핵심 원동력은 자연 세계에는 존재하지 않지만 인간이 공통으로 믿고 있는 허구, 즉 가상의 실재를 통한 성공적 협력의 실현이다.

사람들의 정착 생활을 가능하게 한 농업혁명약 1만 2,000년 전은 밀집된 도시와 강력한 제국의 또 다른 원동력이 되었다. 이 과정에서 다양한 커뮤니케이션 방법이 보다 넓은 규모의 영토에서 많은 사람과의 협력체계를 구성하기 위한 종교, 화폐, 제국 등의 가상의 실재를 실현시키는 핵심 요소로 기능했다. 인간과 인간, 인간과 신과의 관계 맺음, 물품이 오고 가는 상업적 거래, 신분에 따른 정치적 지배 등을 가능하게 만드는, 가상의 실재를 공유하는 사람들의 규모는 점점 커져갔다.

농업혁명 이후 상당히 오랜 시간이 흐른 뒤인 1500년경에 이르러 인간은 '과학혁명'이라고 불리는 또 다른 중요한 선택을 하게 된다. 과학혁명은 수학, 천문학 등의 과학을 활용해 세계가 작동하는 새로운 원리를 발견해내면서 시작되었다. 성직자이자 천문학자인 코페르니쿠스Nicolaus Copernicus, 1473~1543의 태양중심설지동설이 대표적인 출발점이다. 16~17세기에 유럽에서 시작된 과학혁명은 이후 산업혁명과 결합해 인간이 세계의 거의 모든 지역으로 영향력을 확대하는 힘을 제공했다. 인간이 지구의 모든 생물에게 영향을 미치는 존재가 된 것이다.

과학혁명의 물결이 유럽에 넘실거리기 바로 직전에 인간의 커뮤니케이션 방법에 근본적인 변화를 불러일으킬 하나의 기술이 등장했다. 독일의 금 세공업자인 요하네스 구텐베르크Johannes Gutenberg, 1398(?)~1468가 발명한 인쇄술은 미디어혁명의 출발점이었다.

미디어 혁명과 커뮤니케이션

1440년대에 발명된 구텐베르크의 인쇄술은 정보와 메시지를 주고받고 해석하는 인간의 커뮤니케이션에 근본적인 변화를 불러일으켰다. 이전과 비교할 수 없을 정도로 많은 책이 출판되었고 점점 더 많은 사람들이 책을 통해 정보를 얻게 되었다. 극소수의 라틴어 필사본에 의존했던 정보의 전달 방식이 각 국가의 언어로 대량 생산된 인쇄본으로 바뀌면서 문해력을 갖춘 식자층이 크게 늘었다. 이러한 '미디어의 대폭발'은 과학혁명, 종교개혁, 근대국가의 성립 등을 주도하는 새로운 계층을 만들어 냈다.

'인쇄술-종이-책'으로 시작된 미디어의 대폭발은 19세기 '사진술-필름-사진', 1895년 영화_{동영상}의 발명으로 이어지면서 20세기 두 번의 미디어 혁명을 촉발시켰다. 1900년을 전후한 아날로그 혁명, 1950년을 전후한 디지털 혁명은 전신, 라디오, 레코드, 전화, 텔레비전, 위성, 컴퓨터, 인터넷 네트워크, 스마트 미디어, 인공지능 등의 새로운 미디어 환경을 인간에게 제공했다. 지금도 여전히 계속되고 있는 미디어 기술의 발전은 인간의 커뮤니케이션 방식에도 엄청난 변화를 불러일으키고 있다.

커뮤니케이션학은 20세기 이후 미디어 혁명이 촉발시킨 커뮤니케이션 환경의 급격한 변화를 이해하기 위해 계속해서 관심

구텐베르크의 인쇄기

인쇄술은 인간의 커뮤니케이션에 근본적인 변화를 불러일으켰다.

영역을 확대하고 새로운 접근 방법을 적용하는 노력을 기울이고
있다.

'인간-미디어-세계'의 3중주

커뮤니케이션학은 명확하게 범주를 정하기가 거의 불가능한
전공 분야이다. 인간이 세상을 이해하고 다른 사람들과 관계를
맺는 과정을 제대로 이해하려면 다양한 학문적 접근 방식을 결
합해서 접근해야 하기 때문이다. 그래서 커뮤니케이션학 연구자
들은 연구 대상이나 목표에 따라 심리학·수사학·언어학·기
호학·통계학·철학·미학 등 거의 모든 학문적 접근 방식을 종
합해 인간의 커뮤니케이션 과정을 탐구하고 있다.

그럼에도 진로탐색을 위해 이 책을 읽고 있는 독자들의 이해
를 돕기 위해 3개의 열쇳말로 커뮤니케이션학이 탐구하는 범위
를 좁혀보도록 하자. 바로 '인간', '미디어', '세계'이다.

커뮤니케이션학은 우리가 세계를 이해하고 소통하는 과정에
서 상호작용하는 인간, 미디어, 세계의 관계를 중점적으로 다룬
다. 인간이 미디어를 통해 다른 인간들과 관계를 맺는 과정, 직접
만나 얼굴을 마주 보며 소통하는 과정, 인간이 미디어를 통해 세

계를 이해하고 해석하는 과정, 미디어와 미디어 사이에 발생하는 여러 조건과 그 결과들이 바꾸어 가는 커뮤니케이션 환경 등을 탐구한다.

인간, 미디어, 세계가 함께 만들어가는 커뮤니케이션 과정은 연구자들에게 마치 피아노, 바이올린, 첼로로 이루어진 피아노 3중주처럼 들린다. 물론 그것은 음악이 아니라 관계 맺음의 과정이긴 하지만 말이다.

인간은 어떻게 세상과 소통할까?

〈아메리칸 셰프〉(2014), 감독 존 파브로Jon Favreau

〈아메리칸 셰프〉는 LA 유명 레스토랑의 셰프인 칼 캐스퍼와 아들 퍼시의 관계 회복과 이혼한 아내 이네즈와의 재결합 과정을 다룬 코미디 영화이다.

요리가 인생에서 가장 중요한 칼은 고루한 레스토랑의 사장인 리바와 음식 메뉴 선정을 두고 갈등을 빚는다. 레스토랑을 방문한 스타 요리 평론가인 램지 미첼에게 혹독한 리뷰별 2개와 다분히 의도적인 악평를 받은 칼은 퍼시의 도움으로 트위터현재 X 세계에 눈을 뜨게 된다. 화가 머리끝까지 난 칼은, 램지에게 욕설이 담긴 개인 트윗 메시지를 보내 스트레스를 해소하려 하지만 칼이 보낸 트윗은 누구나 볼 수 있는 공개 답변이었다!

밤 사이 칼의 욕설 트윗은 수많은 사람들에게 리트윗되었고 칼은 아침에야 이 사실을 알게 된다. 설상가상으로 램지는 칼을 공격하는 트윗을 올린다. 칼은 또다시 분개하고 자신의 요리를 제대로 다시 평가해 달라며 램지에게 재대결을 요구한다. 칼은 자신이 원하는 메뉴로 램지의 코를 납작하게 해 주고 싶었으나 사장이 이를 거부한다. 칼은 연이어 닥친 이 위기를 어떻게 극복해야 할까?

〈아메리칸 셰프〉에서 칼은 해결해야 할 두 가지 목표를 마주한다. 가족과의 관계 회복과 요리사로서의 자존감 회복이다. 영화에서 칼이 가장 사랑하는 것을 회복하기 위한 핵심 동력은 '트위터를 중심으로 하는 인터넷'이다. 칼의 일상을 무너뜨려 버린 트위터가 칼의 일상을 다시 세우는 역설이 영화에서 재미있게 펼쳐진다.

레스토랑에서 난동을 피운 영상이 퍼져 버려 재취업이 어렵게 된 칼은 퍼시와 함께 푸드 트럭을 타고 요리 여행을 떠날 결심을 한다. 마이애미에서 출발해 뉴올리언스, 텍사스, LA로 이어지는 여정에서 칼은 아들 퍼시를 깊이 이해하게 된다. 퍼시도 아버지의 진정한 사랑과 요리사라는 직업이 칼에게 어떤 의미인지를 깨닫게 된다.

여기에 레스토랑 동료였던 마틴이 합류하며 제대로 된 조리 시스템을 갖춘 푸드 트럭 엘 헤페El Jefe: 대장, 보스 팀에게 필요한 건 홍보였다. 퍼시는 레스토랑 난동 영상으로 2만 명이 넘는 팔로워를 확보하고 있었던 칼의 트위터를 홍보 계정으로 멋지게 활용해 성공을 거둔다. 푸드 트럭의 위치와 쿠바식 샌드위치의 맛은 트위터를 타고 널리 퍼지고, 엘 헤페의 요리 팀은 가는 곳마다 많은 손님들로 즐거운 비명을 지른다.

칼과 퍼시의 행복한 푸드 트럭 여행은 목적지인 LA에 도착하며 끝이 난다. 퍼시는 다시 엄마인 이네즈에게 돌아가고 칼은 일상으로 복귀한다.

서로를 그리워하던 부자를 다시 이어준 건 퍼시가 아빠에게 보낸 짧은 동영상 모음이었다. 퍼시는 엘 헤페가 장소를 이동할 때마다 스마트폰으로 짧은 동영상을 일기처럼 기록해 왔다. 편집된 1초 동영상 모음에 담긴 행복한 순간은 칼이 자신의 요리에 있어 다시 대장엘 헤페이 될 결심을 하게 만든다. 푸드 트럭은 다시 가동되고 퍼시는 주말마다 칼을 도우며 아빠와의 행복한 시간을 보낸다. 물론 헤어졌던 이네즈와도 재결합하며 영화는 행복한 가족의 모습과 함께 끝이 난다.

영화 〈아메리칸 셰프〉 포스터

트위터, 인터넷으로 연결된 세계, 기꺼이 트윗을 공유하는 사람들 그리고 카메라 기능이 있는 스마트폰이 없었다면 칼과 퍼시 그리고 엘 헤페의 손님들, 램지의 커뮤니케이션은 어떻게 달라졌을까?

〈아메리칸 셰프〉는 커뮤니케이션 환경의 변화가 인간이 세상과 소통하는 방식에 어떤 영향을 미치고 있는지를 생각해 볼 수 있게 하는 작품이다.

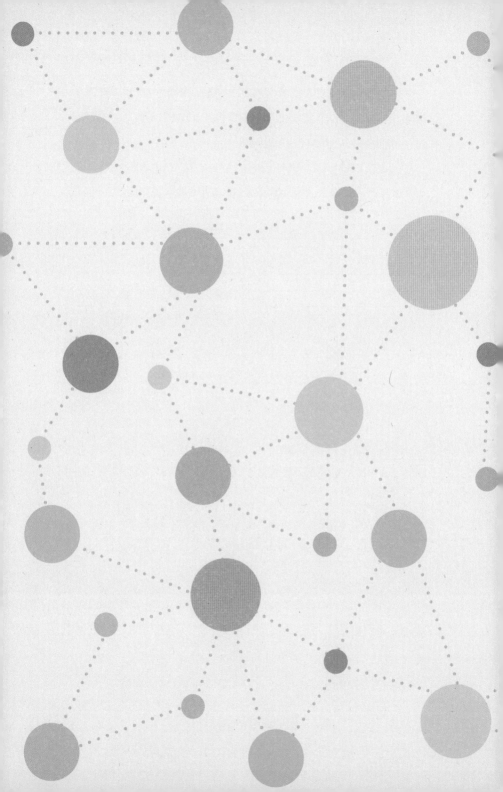

②

커뮤니케이션학의
역사와 현재

커뮤니케이션 연구의 시작

인간의 커뮤니케이션 과정에 관한 관심은 수사학(修辭學, rhetoric)에서 시작되었다. 수사학을 의미하는 영어 단어 rhetoric은 그리스어(rhētorikē tekhnē, 연설자의 기술)에서 유래한 단어로 '웅변술'로 번역할 수 있다.

수사학은 고대 그리스 시대부터 시작되었다. 참주정치가 쇠퇴하면서 자신의 땅을 되찾을 기회를 얻은 지주들은 많은 사람들 앞에서 자신의 권리를 설득력 있게 주장해야 했다. 지주들은 자신의 연설 능력을 키우기 위해 웅변 교사를 찾았다. 이 과정에서

교사들은 웅변술을 개발했고 기원전 4세기경 아리스토텔레스가 이를 체계적으로 정리했다.

아리스토텔레스는 자신의 저서 《수사학》에서 수사학을 설득의 모든 수단을 관찰하고 발견하는 학문으로 정의하고 수사의 3대 요소를 에토스ethos, 파토스pathos 로고스logos로 나누었다. 이 중 말의 논리적 추론에 따른 내용을 의미하는 로고스와 말하는 사람의 인격과 태도를 나타내는 에토스는 연설자가 가져야 할 요소이다. 파토스는 연설의 내용을 받아들이는 청중들의 심정이나 태도를 의미한다. 아리스토텔레스의 《수사학》은 로마의 키케로Marcus Tullius Cicero와 퀸틸리아누스Marcus Fabius Quintilianus를 거쳐 중세 신학자들의 설교방식에도 영향을 미쳤다.

자신이 전달하고자 하는 생각이나 메시지를 특별한 방식으로 전달하는 기술에 관한 연구인 수사학은 커뮤니케이션학 중에서도 특히 '스피치학speech'에 큰 영향을 미쳤고 오늘날 설득 커뮤니케이션 연구로 이어져 오고 있다.

신문의 대중화

수사학은 설득의 메시지를 전달하는 사람의 웅변술에 관한 학문이다. 인간이 미디어가 되어 청중들의 심정이나 태도의 변화를 불러일으키기 위해 노력하는 것이다. 수사학에서 시작된 커뮤니케이션에 관한 연구를 보다 체계화한 현대적 의미의 커뮤니케이션학은 메시지를 전달하는 미디어가 인간에서 다른 미디어로 확대되면서 시작되었다.

그 첫 번째 미디어는 '신문'이었다. 19세기 인쇄술과 철도 교통의 발전이 신문의 발달을 이끌었다. 철도의 발달은 기자들의 취재 범위를 확장시켰고 신문 보급망도 급격히 넓혔다. 1830년대 미국에서 유통망의 확장과 인쇄술의 발전을 배경으로 등장한 '1센트 신문penny press'이 대량 생산되면서, 신문은 대중과 노동자 계층도 읽을 수 있는 값싼 상품이 되었다. 신문이 '대량생산-대량소비'라는 형태를 갖춘 명실상부한 최초의 매스미디어가 되면서 커뮤니케이션학은 새로운 연구 대상을 확보하게 되었다.

20세기 초 미국에서는 신문 미디어에 관한 교육적 관심을 바탕으로 대학에 저널리즘/신문학journalism 교과과정이 개설되기 시작했다. 1908년 미주리 대학에 저널리즘 스쿨school of journalism이 4년제 대학 과정으로 처음으로 설립되었고 스피치학과도 이 시기를 전후해 설립되었다. 관련 전문학회와 학술지 출판도 1910년을 전후해 만들어짐으로써 커뮤니케이션학이 독자적인 학문으로서의 정체성을 가지게 되었다.

학문의 교차로

필자가 대학생이던 시절, 커뮤니케이션학 전공 입문 과목인 〈언론학 개론〉 교수님은 커뮤니케이션학의 특징을 설명하기 위해 '학문의 교차로an academic cross-road'란 표현을 계속해서 사용했다. 그때는 이 표현이 뭔가 심오한 의미를 담고 있는 듯 느낌이 들어 전공 선택을 잘했다면서 괜히 뿌듯해 했다. 하지만 계속해서 공부하면 할수록 이 표현이 얼마나 무서운(?!) 내용을 담고 있는지 알게 되면서 뿌듯함은 당황스러움으로 바뀌어 갔다. 여러 관련 학문이 교차한다는 것은 그만큼 연구 범위가 넓고 명확하게 규정하기 어렵다는 의미이기 때문이다.

하지만 너무 걱정할 필요는 없다. 커뮤니케이션학의 이런 특징은 거꾸로 이 학문이 가진 유연함과 융합성이라는 장점으로 해석될 수 있기 때문이다!

'학문의 교차로'는 초창기 커뮤니케이션학의 제도화에 큰 업적을 남겨 '커뮤니케이션 학문의 아버지'로 불리는 윌버 슈람이 한 말이다. 그는 처음부터 커뮤니케이션학 학자는 아니었다. 미국 아이오와 대학에서 영문학 박사학위를 받고 아이오와 대학 영문학과 교수가 된 그는 총장의 요청으로 언론대학 학장1943년이 되면서 커뮤니케이션학을 연구하고 학생들을 가르치기 시작했다.

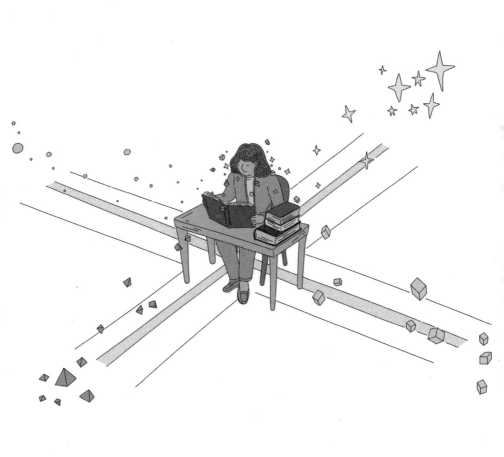

이후 일리노이 대학, 스탠퍼드 대학으로 자리를 옮겨가며 미국 최초의 커뮤니케이션 박사들을 배출했다. 그가 배출한 많은 제자들은 미국에서 커뮤니케이션학이 독자적인 학문 영역으로 자리 잡을 수 있게 했다.

'학문의 교차로'는 윌버 슈람이 커뮤니케이션학이 싹트는 과정을 설명하기 위해 1963년 출판한 《인간 커뮤니케이션 과학The Science of Human Communication》에서 사용한 표현이다. 그의 말처럼 수사학, 언어학, 심리학, 사회학의 패러다임이 교차하면서 성장하기 시작한 커뮤니케이션학은 수십 년 만에 관련된 수많은 학과, 학술지, 국제학회를 갖춘 독자적인 학문이 되었다.

현대 커뮤니케이션학의 정립

심리학, 사회학, 정치학 등 관련 학문의 교차를 통한 커뮤니케이션학 태동의 결정적인 계기는 바로 제2차 세계대전이었다. 실무교육 중심의 스피치학과 저널리즘학이 해결하지 못하는 전쟁 전후 커뮤니케이션과 관련된 문제들을 연구하는 과정에서 자연스럽게 새로운 통합적 접근 방식의 필요성이 제기되었다.

전쟁에 참전할 군인들의 모집, 군인들의 사기 진작을 위한 방안 마련, 정부 정책에 관한 홍보, 여론 형성 전략 등의 문제에 관한 연구를 위해 모인 다양한 연구자들의 교류는 자연스럽게 새로운 커뮤니케이션학의 정립으로 이어졌다.

전쟁이 가져온 현실적이고 정치적인 문제와 관련된 연구의 객관성을 확보하기 위해, 참여 연구자들은 연구자와 연구행위를 분리시키는 과학성을 추구했으며 이 과정을 통해 커뮤니케이션학은 비로소 사회과학의 한 분야로 자리 잡게 되었다.

엄밀한 과학적 방법을 적용한 커뮤니케이션학의 연구 방향은 지금까지도 커뮤니케이션학에서 주류를 차지하고 있다. 실증주의적 연구, 경험주의적 연구, 기능주의적 연구 등으로 불리는 이러한 연구는 객관적이고 가치중립적인 입장에서 과학적 절차와 방법을 통해 경험적인 자료 분석을 한다. 수량화가 가능한 경험적인 자료를 수집하고 통계적인 분석 방법을 이용하는 연구의 전통은 미디어가 미디어 이용자의 신념과 행동에 영향을 미칠 수 있는지를 연구하는 미디어 효과 연구를 중심으로 발전해 나가고 있다. '문제제기→가설설정→연구설계→자료수집→자료분석통계→가설검증→연구결과 도출'로 이어지는 실증주의적 탐구 과정이 적용된 많은 연구를 커뮤니케이션학 관련 학술지에서 쉽게 찾을 수 있는 것은 이 때문이다.

1917년 제1차 세계대전 당시의
참전 군인 모집 포스터
전쟁은 커뮤니케이션학 태동의 결정적인 계기가 되었다.

국내 커뮤니케이션학의 역사

우리나라에서 커뮤니케이션학 연구는 저널리즘, 즉 신문학에 관한 관심으로부터 시작했다. 1928년 독일 라이프치히 대학에서 한국인으로는 처음으로 '동아시아^{한국·중국·일본}에 있어서 근대 신문의 생성발전에 관한 연구'로 신문학/저널리즘 박사학위를 받은 김현준^{1898~1950}과 미국 오하이오 주립대에서 신문학/저널리즘, 농학 공부를 한 후 우리나라 최초의 신문학 관계 전문서적인 《신문학》¹⁹²⁴을 간행한 김동성^{1890~1969}이 한국 커뮤니케이션학의 선구자로 꼽힌다. 김동성의 저서에 이어 1931년 고영환의 《신문학》, 1938년 임경일의 《신문》이 출판된 것을 보면 1920년대부터 신문학/저널리즘에 관한 학문적 관심이 싹트고 있었음을 알 수 있다.

우리나라 대학에서 신문학과가 설립된 것은 1954년 홍익대가 처음이다. 홍익대 신문학과는 1961년 폐과되었지만 중앙대¹⁹⁵⁷, 이화여대¹⁹⁶⁰, 경희대, 고려대¹⁹⁶⁵, 성균관대¹⁹⁶⁷, 서강대¹⁹⁶⁸에 커뮤니케이션학 관련 학과가 설립되면서 본격적인 커뮤니케이션학 교육과 연구가 이루어지기 시작했다.

커뮤니케이션학 관련 학회는 1959년 6월 30일에 설립된 한국신문학회^{현 한국언론학회}를 시작으로 한국언론정보학회¹⁹⁸⁸, 한국방송학회[1988], 한국광고학회[1989] 등이 설립되어 지금까지 활발하게 학술 활동을 하고 있다.

정착과 확장

제2차 세계대전 이후 미국을 중심으로 한 국제 커뮤니케이션 학의 주류는 실증주의적 관점의 연구들이었다. 하지만 1960년대 이후 커뮤니케이션학은 실증주의적 관점의 연구를 비판하는 새로운 관점과 분야의 등장으로 그 영역을 다시 한번 확장하게 되었다.

커뮤니케이션학에서 실증주의적 관점의 연구를 비판하는 비판 커뮤니케이션 연구도 역시 다양한 학문 분야가 교차하면서 형성되기 때문에 명확하게 규정하기가 힘들다. 주로 정치경제학, 마르크스주의, 프랑크푸르트학파, 문화연구, 매체철학, 구조주의, 포스트모더니즘, 기호학 등이 대중문화, 수용자, 미디어, 일상, 문화산업 등을 비판적 관점으로 연구하고 있다. 여기서는 문화연구 Cultural Studies를 정리해 보도록 하자.

문화연구는 1950년대 리처드 호가트Richard Hoggart,1918~2014, 에드워드 파머 톰슨E. P. Thompson,1924~1993, 레이먼드 윌리엄스

Raymond Williams,1921~1988를 중심으로 영국에서 시작되었다. 문화연구는 이전의 문화에 대한 논의에서 중요하지 않게 여겼던 사람들의 일상적 삶에 존재하는 '창조적 과정'에 중요한 의미를 부여했다. 레이먼드 윌리엄스는 이를 "문화는 일상적이다"라는 명제로 강조하기도 했다.

문화연구의 이러한 접근 방식은 1980년대 이후, TV 드라마, 대중가요, 대중소설 등을 소비하는 과정에서 발견할 수 있는 시청자/감상자/독자의 긍정적이고 창조적인 의미 생산을 강조하는 연구들을 수행하며 커뮤니케이션학에 활기를 불어넣었다. 국내에서는 1990년대 이후에 문화연구로 묶을 수 있는 연구들이 증가하면서 문화연구가 커뮤니케이션학의 중요한 학문 분야가 되었다.

미디어는 우리 삶에 어떤 영향을 미칠까?

〈트루먼 쇼The Truman Show〉(1998), 감독 피터 위어Peter Weir

아침에 일어나자마 스마트폰으로 SNS를 확인하고 맛있는 음식을 먹기 전에 사진을 찍어 태그와 함께 올리는 일은 이제 일상이 되었다. 반려동물과 함께하는 생활, 우리나라를 떠나 다른 나라에서 생활하는 모습, 귀여운 아이의 행동, 여행에서의 에피소드 등 자신의 일상을 그대로 전시하는 콘텐츠들이 유튜브 채널에 많은 부분을 차지하고 있다. 연예인이 아닌 일반인 출연자들이 가장 내밀하고 사적인 감정이 오고 가는 연애의 과정을 직접 보여 주는 방송 콘텐츠도 꾸준히 인기를 얻고 있다.

〈트루먼 쇼〉는 트루먼 버뱅크라는 남자의 삶을 라이브로 방송하는 리얼리티 TV 쇼를 둘러싸고 벌어지는 소동을 다룬 영화이다. 1998년에 제작된 이 영화는 미디어에 자신의 일상을 전시하는 일이 보편화된 지금의 세계가 인간의 삶에 어떤 영향을 미칠 수 있는지를 반추해 볼 수 있게 해 주는 작품이다.

영화는 리얼리티 TV쇼의 첫 장면처럼 시작된다. 출연 배우들의 소개 영상, 제작진 크레딧과 함께 트루먼의 생활이 생중계된다. 보험회사원인 트루먼은 작은 섬에서 아내와 홀어머니를 모시며 평범하고 행복한 삶을 살아간다. 하지만 작은 섬 안에 트루먼을 제외한 모든 사람들은 트루먼의 '극화된 가짜의 삶'이 계속되게 만드는 배우들이다. 아내, 직장동료, 부모님, 옆집 이웃, 첫 사랑까지 모두 가짜인 것이다!

영화가 진행되면서 리얼리티 TV쇼의 세계에 조금씩 균열이 가기 시작한다. 하늘에서 조명이 떨어지고 길을 걷다 죽은 아버지를 만나는 괴이한 일들이 트루먼의 일상에서 계속된다. 자신의 이동 경로와 행동이 생중계되고 있는 라디오 방송을 듣기도 한다. 섬을 떠나 본 적이 없는 트루먼이 피지로 여행을 떠나려고 하자 비행기 예약이 꽉 차 버리고 비행기 여행의 위험을 알리는 포스터가 여행사 벽에 붙어 있는 아이러니한 상황이 전개되기도 한다.

트루먼은 서서히 자신의 삶이 통제되고 있다는 사실을 깨닫게 되고 이를 벗어나기 위해 노력한다. 리얼리티 TV쇼의 제작진과 배우들은 트루먼의 행동에 당황하고 이를 위한 대책마련에 분주해진다. 방송 제작진의 입장에서는 위기의 순간이 시청자의 입장에서는 긴장감을 불러일으키는 장면들이 된다. 이러한 혼란의 순간에도 트루먼의 생활을 구성하고 있는 모든 제품들이 간접 광고PPL:product placement로 계속된다. 트루먼은 격렬하게 다투던 아내가 갑자기 홈쇼핑 진행자의 어투로 제품을 광고하는 모습을 보면서 자신의 삶 전부가 근본적으로 잘못되었음을 느낀다.

영화의 마지막에서 트루먼은 자신의 인생 전체가 거대한 세트장에서 30년 동안 계속되어 온 리얼리티 TV쇼란 사실과 마주하게 된다. 트루먼은 어떻게 이를 받아들일까?

〈트루먼 쇼〉는 자신의 삶을 인터넷 세계에 기꺼이 포스팅posting하고 있는 우리들에게 묻고 있다. 우리는 사적private이면서 동시에 사회적social일 수 있을까?

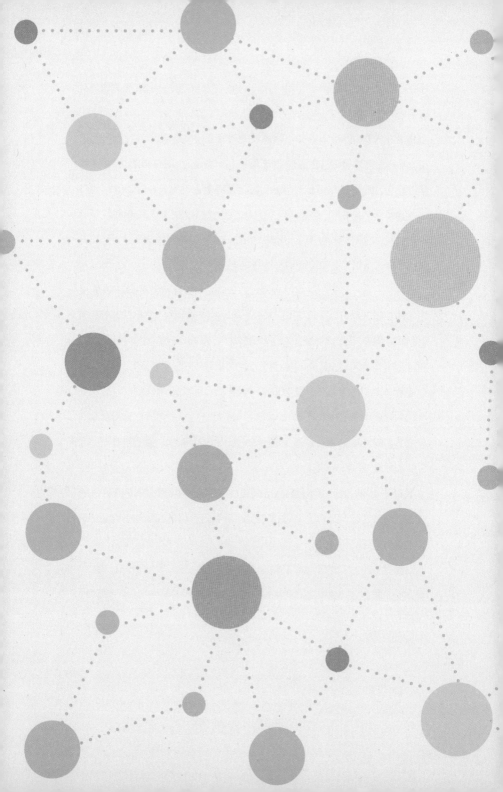

3

커뮤니케이션학의
다양한 갈래들

학과명의 변화

1954년 '신문학과'로 시작한 학과의 명칭은 계속해서 변화해 왔다. 1990년대에는 '신문방송학과', '광고홍보학과'가 커뮤니케이션학 전공을 대표하는 학과명이었다. 시대를 대표하는 미디어에 따라 학과명이 바뀌었음을 확인할 수 있다.

그러나 개별 미디어는 커뮤니케이션학에서 인간의 커뮤니케이션을 위한 중요한 매개medium이긴 하지만 커뮤니케이션학 학문이 다루는 모든 것을 포괄하지는 못한다. 더욱이 커뮤니케이션 관련 기술이 하루가 다르게 변화하고 있는 오늘날에는 '특정 미디어'의 명칭만으로 커뮤니케이션학을 표현하는 것이 더욱 어려워지고 있다. 이러한 맥락에서 최근에는 많은 대학들이 학과명을 '커뮤니케이션'이 포함된 커뮤니케이션학과, 미디어커뮤니케이션학과 등으로 명명하고 있는 추세이다.

커뮤니케이션학의 분류

20세기 초 커뮤니케이션학에서는 주로 실용적 목표가 중점이 되는 교육과 연구가 이루어졌다. 좋은 기사를 쓰는 방법^{저널리즘/신문학}, 사람들을 설득하기 위한 화술^{스피치학} 등 효율적인 커뮤니케이션을 위한 학문적 접근은 저널리스트나 홍보 전문가 등을 길러내는 목적을 가지고 있었다.

제2차 세계대전을 전후해 도입되기 시작한 사회과학적 접근 방법은 커뮤니케이션학에 이론적 정교함을 가져왔고 독립적인 학문적 틀을 갖추는 데 큰 역할을 했다. 1960년대 문화연구 등의 비판적 연구 흐름은 커뮤니케이션학의 영역을 확장하고 새로운 관점을 제공하기도 했다.

커뮤니케이션학은 이러한 역사적 흐름에 따라 연구와 교육을 수행해 오고 있다. 커뮤니케이션학이 다루는 분야는 매우 다양하고 미디어, 사회, 관련 기술의 변화에 따라 급격하게 변화하고 있기 때문에 명확하게 전공 분야를 구분하기는 상당히 어렵다.

그럼에도 커뮤니케이션학 전공에 관한 대략적인 전체 그림을 그려볼 수 있도록 미국 교육통계 센터the National Center for Educational Statistics의 교육프로그램 분류Classification of Instructional Programs(CIP)를 참고해 보도록 하자.

미국 CIP는 커뮤케이션학을 크게 4개 항목으로 분류하고 있다. 첫 번째 분류는 '커뮤니케이션과 미디어 연구'이다. 이 부분은 나머지 세 항목의 이론적 배경 역할을 하며 커뮤니케이션학을 전체적으로 조망한다. 두 번째 분류인 저널리즘, 세 번째 분류인 PR · 광고&응용커뮤니케이션, 네 번째 분류인 라디오 · 텔레

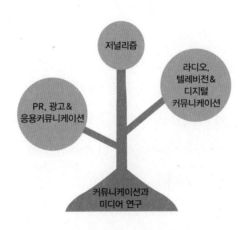

커뮤니케이션학의 4분류 체계도

비전&디지털 커뮤니케이션에서는 미디어 및 커뮤니케이션 관련 실무 분야의 전문 능력을 키우는 세부 전공 프로그램을 운영하고 있다.

커뮤니케이션학 관련 전공이 설치된 국내의 대학들은 CIP의 분류 체계에 속한 세부 전공을 교수진의 전공, 전공 프로그램, 대학원 설치 유무 등에 따라 특화시켜 운영하고 있다. 각 대학은 커뮤니케이션학으로 묶일 수는 있지만 많은 부분에서 각기 다른 전공 교육 과정을 운영하고 있다. 그렇기 때문에 커뮤니케이션학을 전공하려는 청소년들은 각 대학의 특성을 잘 살펴보고 자신의 관심 분야에 맞는 전공 교육 프로그램이 설치된 곳이 어디인지를 꼼꼼하게 알아볼 필요가 있다.

① 커뮤니케이션과 미디어 연구Communication and Media Studies

'커뮤니케이션과 미디어 연구'는 커뮤니케이션학의 기본 토대가 되는 커뮤니케이션 과정, 대인 커뮤니케이션, 매스 커뮤니케이션 등을 포괄적으로 다룬다. '커뮤니케이션과 미디어 연구' 섹션은 스피치 커뮤니케이션, 수사학을 포함한 커뮤니케이션 연구와 매스 커뮤니케이션과 미디어 연구의 두 범주로 다시 구분된다.

첫 번째 범주는 다시 세 부분으로 세분화할 수 있다.

사람과 사람 간의 얼굴을 맞대고 하는 대인interpersonal 커뮤니케이션, 좀 더 많은 사람들 사이에서 일어나는 집단과 조직에서의 커뮤니케이션, 서로 다른 문화 사이에서intercultural 발생하는 문화간/間 커뮤니케이션에 관한 연구다.

두 번째는 사람의 음성과 몸짓 등을 활용하는 커뮤니케이션 과정을 직접적으로 다룬다. 말하기·듣기, 언어·비언어 상호작용에 과정에 관한 연구들이 주를 이룬다. 어떤 방식으로 말을 하고 어떤 태도로 듣는지 슬픈 드라마를 시청할 때 얼굴 표정은 어떻게 변하는지 등에 관한 실험관찰 연구를 생각하면 조금 더 구체적으로 이해할 수 있을 것이다. 일반적으로 인간 커뮤니케이션에 관련된 전공이 여기에 속한다.

세 번째는 수사학, 설득, 문화 트렌드에서 커뮤니케이션의 역할, 기술을 활용한 커뮤니케이션 등의 구체적인 세부 전공 분야에 관한 연구 등이 속해 있다.

첫 번째 범주에 속하는 커뮤니케이션 전공 교과목으로는 〈커뮤니케이션학 입문〉, 〈인간커뮤니케이션〉, 〈매스커뮤니케이션〉, 〈미디어 수용자론〉, 〈방송화법〉, 〈커뮤니케이션 이론〉, 〈설득과 미디어〉, 〈글로벌 커뮤니케이션〉, 〈질적연구방법〉, 〈연구방법론〉, 〈퍼포먼스 연구〉 등이 있다. 이 과목을 통해 전공 학생들은 커뮤니케이션학의 토대가 되는 이론과 관점을 이해할 수 있다.

두 번째 범주에는 미디어가 중심이 되는 매스 커뮤니케이션에

광장에서 연설하는 아리스토텔레스

20세기 초 커뮤니케이션학은 좋은 기사를 쓰는 법, 설득하기 위한 화술,
저널리스트나 홍보 전문가 등을 길러내는 실용적인 목적을 가지고 있었다.

관련된 전공들이 속해 있다. 커뮤니케이션 관련 정책·제도·법, 미디어 역사, 미디어 미학, 문화연구, 미디어 경제학, 미디어 리터러시, 미디어 심리학 등의 분야가 여기에 속한다. 경제학, 미학, 법학, 역사학, 해석학, 교육학, 심리학 등의 관련 학문을 활용해 매스커뮤니케이션 현상을 이해하는 연구들이 주를 이룬다.

〈미디어 문화사〉, 〈대중문화론〉, 〈커뮤니케이션 테크놀로지와 비판이론〉, 〈미디어 심리학〉, 〈디지털 미디어 교육론〉, 〈미디어 산업의 이해〉, 〈비판커뮤니케이션〉, 〈매체산업론〉, 〈미디어경제의 이해〉, 〈언론사상사〉, 〈매체미학〉, 〈미디어 법〉, 〈미디어 정책론〉, 〈미래사회와 문화산업〉 등 미디어를 둘러싼 현상들을 다양한 학문들과의 융합적 관점에서 이해할 수 있는 교과목이 개설되어 있다.

② PR, 광고 그리고 응용 커뮤니케이션 Public Relations, Advertising, and Applied Communication

'PR, 광고 그리고 응용 커뮤니케이션'은 실용적인 측면을 강조하는 분야이다. 전문적인 커뮤니케이션 능력이 필요한 광고, PR 관련 현장에서 일할 수 있는 인력 양성을 위한 교육과 연구 과정이 핵심이다. 또 회사, 기관 등의 조직 내 커뮤니케이션을 향상시키는 조직 커뮤니케이션, 정치 캠페인·공직자의 미디어 관리·

유권자를 관리하는 데 필요한 지식과 기술에 초점을 둔 정치 커뮤니케이션, 대중들에게 건강정보를 전달하고 공유하는 과정을 다루고 있는 헬스 커뮤니케이션 등의 응용 커뮤니케이션 세부 전공 분야가 있다.

〈광고의 이해〉, 〈PR의 이해〉, 〈브랜드커뮤니케이션〉, 〈매체기획론〉, 〈디지털미디어 광고제작〉, 〈미디어와 위기 커뮤니케이션〉, 〈헬스 커뮤니케이션〉, 〈광고 카피 라이팅〉, 〈마케팅 커뮤니케이션〉, 〈정치 커뮤니케이션〉, 〈IMC 캠페인 실습〉, 〈광고 커뮤니케이션과 소비자 심리 분석〉 등의 교과목이 개설되어 있다.

국내 대학에서는 이 분야가 커뮤니케이션학과 분리되어 광고홍보학으로 별도 운영되기도 한다. 중앙대, 동국대, 한양대 등은 광고홍보학과와 커뮤니케이션학을 분리해서 운영하고 있다. 광고홍보학 전공만 있는 대학에서는 '커뮤니케이션과 미디어 연구', '저널리즘', '미디어 콘텐츠 제작' 등 커뮤니케이션학의 다른 분야에 관한 교육 과정 중 일부를 광고홍보학 전공에서 담당하고 있다.

③ 저널리즘·Journalism

'저널리즘'은 뉴스를 취재해서 대중에게 보도하는 행위를 의미한다.

커뮤니케이션학에서 저널리즘 전공은 뉴스가 구성되는 과정에서 발생하는 현상을 연구하거나 기자 등 뉴스 산업에서 일할 수 있는 전문 인력을 양성하는 것을 목표로 한다. 신문기자를 교육하는 실무 교육에서 시작해 뉴스와 관련된 모든 현상을 연구하는 분야로 발전해 왔다.

방송 저널리즘, 사진 저널리즘, 탐사 저널리즘, 소셜 저널리즘, 참여 저널리즘 등 미디어의 종류와 저널리즘의 목표에 따른 여러 형태의 저널리즘 현상에 관한 연구가 있다.

저널리즘 전공에서 가장 중요한 것은 뉴스의 생산자와 수용자 모두가 여론을 만들고 정치 및 권력을 감시하는 사회적 임무를 가진 뉴스의 역할과 과정을 깊이 이해하는 것이다. 이를 통해 저널리즘은 시민들이 자유를 누리고 자치를 달성하는 데 필요한 정보를 제공하는 저널리즘의 주요 목적을 어떻게 실현할지 모색한다.

관련 전공 교과목으로는 〈저널리즘 개론〉, 〈저널리즘과 사회 이슈〉, 〈미래 저널리즘〉, 〈미디어 글쓰기/기사 작성〉, 〈취재보도론〉, 〈온라인 저널리즘론〉, 〈빅데이터 저널리즘론〉, 〈융합 저널리즘의 이해와 활용〉 등이 있다.

④ 라디오 · 텔레비전 & 디지털 커뮤니케이션 Radio, Television, and Digital Communication

라디오 · 텔레비전&디지털 커뮤니케이션 항목은 개별 미디어에 담길 콘텐츠를 제작하는 기술적 측면에 초점을 둔 전공 분야이다. 크게 방송 미디어 콘텐츠 제작과 디지털 미디어 콘텐츠 제작의 두 분야로 나눌 수 있다.

첫 번째 방송 미디어 콘텐츠 전공에서는 라디오, 텔레비전 등의 방송 프로그램이 어떻게 제작되어 시청자에게 즐거움을 전달하는지를 다룬다. 두 번째 디지털 미디어 제작에서는 유튜브, 넷플릭스, 인스타그램 등의 플랫폼이나 스마트폰처럼 휴대 가능한 미디어에 적합한 콘텐츠에 관한 내용을 다룬다.

〈TV 제작 실습〉, 〈디지털 미디어 콘텐츠 제작 실습〉, 〈라디오 제작 실습〉, 〈단편영화제작 실습〉, 〈영상 편집 실습〉 등 졸업 후 관련 분야에서 활용할 수 있는 전문 기술을 배우는 교과목을 중심으로 운영된다.

저널리즘은 어떻게 권력을 감시해야 할까?

〈스포트라이트Spotlight〉(2015), 감독 토마스 맥카시Thomas McCarthy

〈스포트라이트〉는 미국에서 실제로 발생했던 가톨릭 사제의 집단 성추행이 어떻게 보도되었는지에 관한 과정을 꼼꼼한 시선으로 살펴보고 있는 영화이다. 영화는 2001년 메사추세츠주 보스턴의 일간지 '보스턴 글로브'에 편집장으로 새로 부임한 마티 배런의 한 사건에 관한 관심으로부터 시작된다.

마티는 30년간 보스턴 내 6개 교구에서 80여 명의 아이들이 사제에게 성추행을 당했으나 15년 전 추기경이·이를 은폐하고 침묵한 정황이 있다는 칼럼에 주목하고 이를 탐사 보도할 것을 스포트라이트spotlight팀에게 지시한다. 로비, 마이클, 사샤, 맷으로 구성된 스포트라이트팀은 보스턴 글로브에서 이미 다루었던 관련 기사들을 살펴보며 조사를 시작한다.

영화는 4명의 팀원들과 편집장의 취재 과정을 아주 세밀하게 묘사하고 있다. 과거 자료를 바탕으로 사건을 변호했던 변호사, 피해자 모임의 리더, 관련된 사실을 알고 있음직한 가톨릭교회의 고위 관계자 등을 만나면서 벌어지는 사건과 갈등이 영화의 중심 뼈대를 이룬다.

〈스포트라이트〉에서 가장 중심이 되는 인물은 스포트라이트 팀의 팀장인 로비이다. 로비는 최선을 다해 사건의 진실에 다가가기 위해 노력하지만 그 과정에서 자신이 미처 알지 못했던 사실을 알게 된다.

　로비는 성추행 사건을 저지른 사제 중에 자신이 아는 사람이 있고 그가 고등학생일 때 자신을 성희롱했다는 사실을 기억해낸다. 그 사제는 로비를 찾아와 로비를 위협하며 보도를 막으려고 하지만 로비는 고등학생 시절 자신이 당했던 경험을 얘기하며 이를 물리친다. 로비를 가장 당혹스럽게 했던 사실은 자신이 이미 5년 전에 성추행한 신부들에 관한 제보를 받았고 이를 무시했다는 점이었다. 피해자 모임의 리더인 필 사비아노와 관련 사건의 변호를 맡았던 에릭 맥클리시는 보스턴 글로브와 로비가 5년 전 자신들의 제보를 무시하거나 아주 짧게 다루었다는 사실을 상기시켜 준다. 로비는 기사가 실리기 하루 전날, 팀원들에게 이 사실을 고백하고 사과한다.

　〈스포트라이트〉는 진실에 다가가기 위한 기자들의 취재 과정을 현실적인 관점에서 묘사하고 있다. 저널리즘이 정치나 권력을 감시하는 사회의 공기(公器)로 어떻게 기능해야 하는지를 그리고 그 과정에 어떤 어려움들이 있을 수 있는지를 우리는 이 영화를 통해 확인할 수 있다.

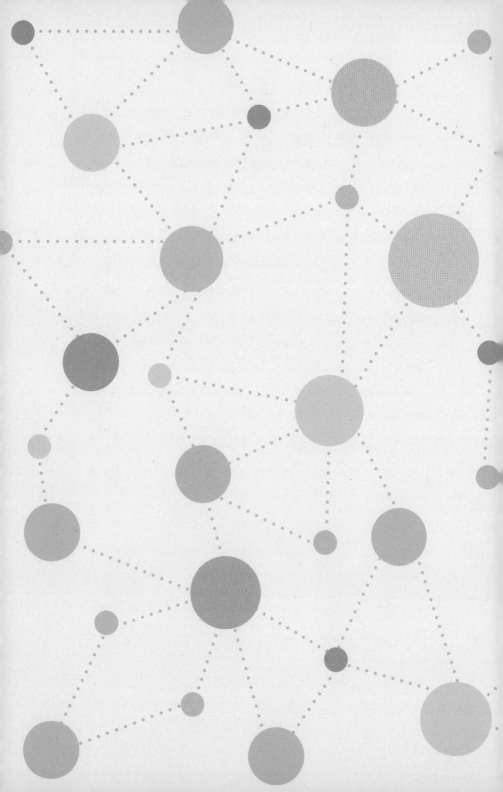

4

커뮤니케이션학에서의 '인간'

커뮤니케이션의 출발점

모든 커뮤니케이션 과정에서 인간은 커뮤니케이션_{관계 맺음}의
출발점에 서 있는 존재이다. 자기 스스로와의 대화 과정을 연구하
는 '자아 커뮤니케이션'에서부터 조직, 매스, 문화_간 커뮤니케이션
에 이르기까지 모든 커뮤니케이션은 인간_나으로부터 시작된다.

나 자신과의 커뮤니케이션 과정을 연구하는 자아 커뮤니케이
션은 자신을 돌아보는 반성적 능력을 바탕으로 성립된다. 다른
사람을 비롯한 외부 세계의 정보들을 수용하고 이해하며 해석하
는 과정에서 자연스럽게 우리는 자신에 관한 더 많은 것들을 알

게 된다.

자아 커뮤니케이션은 외부의 자극이나 정보를 처리하고 반응하는 뇌에서 일어나는 커뮤니케이션 작용으로 시작된다. 우리의 뇌에서 일어나는 커뮤니케이션 과정은 다른 사람들과의 커뮤니케이션을 가능하게 하는 역할도 수행한다. 그 핵심이 되는 것이 바로 '거울 뉴런mirror neuron'이다.

거울 뉴런은 우리 뇌의 여러 부분전두엽 전운동피질 아래쪽, 두정엽 아래쪽, 측두엽, 뇌섬엽 앞쪽에 위치하며 서로 신호를 주고받으며 우리가 다른 사람의 마음을 읽고 공감하게 만든다. 라디오에 흘러나오는 다른 사람의 슬픈 사연에 눈물을 흘리거나, 유튜브 먹방 영상을 보다가 야식으로 라면을 끓여 먹기 위해 부모님 몰래 주방으로 가는 건 모두 거울 뉴런 덕분이다. 우리 뇌 속의 거울 뉴런이 다른 사람의 행동이나 사연을 마치 내가 한 것처럼 느끼게 만들기 때문이다.

인간의 커뮤니케이션의 범위는 거울 뉴런을 통해 다른 사람의 말과 행동, 상황에 공감의 주파수를 맞추면서 자신자아에서 타인으로 자연스럽게 확장된다.

커뮤니케이션 모델

다른 사람과의 커뮤니케이션 과정을 이해하기 위해서는 '커뮤니케이션 모델'을 주로 활용한다. 이것은 커뮤니케이션 현상을 한눈에 볼 수 있는 그림이다.

최초의 커뮤니케이션 모델은 수학자인 클로드 섀넌Claude E. Shannon, 1916~2001과 과학자인 워렌 위버Warren Weaver, 1894~1978가 1948년 논문 '커뮤니케이션의 수학적 모델A Mathematical Theory of Communication'에서 제안한 섀넌-위버 모델Shannon-Weaver model이다.

섀넌-위버 모델은 전파와 전화가 메시지를 전달하는 선형적인 과정을 설명하고 있다. 전화라는 미디어①source가 메시지를 신호로 변환②transmitter하고 이를 채널③channel을 통해 보내는 송신의 과정과 채널을 통해 들어온 신호를 다시 메시지로 바꾸어④receiver 목적지⑤destination로 도착시키는 수신의 과정이 다섯 요소로 표현되어 있다. 송신과 수신의 과정에 발생하는 잡음⑥noise전화를 받을 때 들리곤 하는 그 소음이다도 표현하고 있는 이 모델은 커뮤니케이션 과정을 지나치게 단순화시켰다는 비판을 받기도 했다. 그럼에도 커뮤니케이션 연구자들은 섀넌-위버의 모델을 시작으로 계속해서 커뮤니케이션 모델을 정교화하는

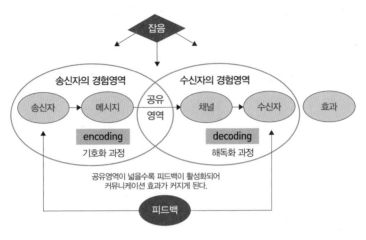

출처: 이상훈·김요한(2013), 《커뮤니케이션의 이해와 활용》, 삼인, 18쪽

노력을 하고 있다.

위의 그림은 커뮤니케이션 모델의 양끝에 송신자와 수신자를 위치시키고 수신자가 송신자에게 커뮤니케이션하는 과정을 보완한 윌버 슈람Wilbur Schramm, 1907~1987의 1954년 모델을 참고해 만든 커뮤니케이션 모델이다.

이 모델은 크게 송신자sender와 수신자receiver, 메시지message, 채널channel, 피드백feedback, 효과effect의 6요소 구성된다.

송신자와 수신자는 커뮤니케이션의 당사자로 메시지를 주고받는 존재이다. 커뮤니케이션학에서 송신자, 수신자는 일반적으로 인간을 의미하지만 그 자리에 동물, 상호작용하는 기계와 같은 존재도 위치할 수 있다. 반려동물과 커뮤니케이션을 하며 유대감을 느끼는 경우를 생각해 보면 쉽게 이해할 수 있다.

메시지는 송신자가 수신자에게 전달하고자 하는 무언가를 담은 것으로 기호의 형태로 바뀌는 '기호화 과정encoding'을 통해 채널에 실린다. 사랑의 마음, 유권자의 선택을 받기 위한 정치인의 욕망, 판매하고자 하는 냉장고에 관한 정보 등의 메시지는 이해 가능한 형태의 기호로 바뀌어야 수신자에게 전달될 수 있다.

채널은 기호화된 메시지를 전달하는 운송 수단이다. 여러분은 지금 책이라는 채널을 통해 한글 문장들로 기호화한 커뮤니케이션학에 관한 내용/메시지를 읽고 있는 중이다. 만약 여러분이 이 책의 내용을 담은 오디오북을 등굣길에 이어폰을 끼고 스마트폰으로 듣고 있다면 채널은 스마트폰, 이어폰이 될 것이다.

수신자는 송신자가 채널을 통해 보낸 메시지를 해석하고 수용한다. 수신자가 메시지를 해석하고 수용하려면 송신자의 메시지를 이해하는 '해독화 과정decoding'이 필요하다. 송신자가 메시지를 기호의 형태로 바꾸는 과정과 채널을 통해 기호의 형태로 도착한 메시지를 수신자가 이해하는 과정이 제대로 이루어지려면 송신자와 수신자는 '기호화-해독화 과정'에 관한 공통의 이해가 있어야 한다.

예를 들면 한국어나 한글을 전혀 알지 못하는 외국인 친구에게 고마운 마음을 전달하기 위해서 열심히 그 친구가 사용하는 언어를 활용해 표현하려는 상황을 생각해 보면 될 것이다.

메시지를 받은 수신자는 송신자에게 때때로 반응을 보내기도 하는데 이 모델에서는 이를 '피드백'이라고 표현했다. 친구의 페이스북, 인스타그램 포스팅에 '좋아요'를 누르거나 댓글을 달거나 선생님의 강의를 들으며 고개를 끄덕이거나 질문을 하는 것에 이르기까지 다양한 형태의 피드백이 있을 수 있다.

커뮤니케이션 모델에서 효과는 송신자가 커뮤니케이션을 통해 수신자에게 얻고자 하는 의도된 반응을 의미한다. 수신자의 피드백은 커뮤니케이션의 효과가 발생했는지를 판단하는 하나의 기준이 될 수 있다.

하지만 피드백이나 효과가 없다고 해서 커뮤니케이션이 발생하지 않는 것은 아니다. 수신자에게 원하는 반응을 얻지 못하는 경우 그것은 커뮤니케이션이 실패한 것이지 커뮤니케이션이 없었던 것은 아니기 때문이다.

기계와 소통하는 인간

20세기 중반부터 시작된 인공지능AI:Artificial Intelligence 연구는

2022년 11월 대화형 인공지능 챗봇Chat Bot 중 하나인 챗지피티 ChatGPT(Generative Pre-trained Transformer)가 출시되면서 대중적으로 알려지기 시작했다.

인간의 인지 · 추론 · 판단 등의 능력을 컴퓨터로 구현하려는 목적으로 개발되고 있는 AI는 커뮤니케이션 모델에서 송신자와 수신자 역할을 기계가 맡을 가능성을 현실화시키고 있다. 기계와 자유롭게 소통하며 감정을 나누는 장면은 이제 상상 속에서만 일어나는 일이 아니다.

경기도에 살고 있는 김정문 할아버지의 79번째 가을을 주제로 몇 년 전 만들어진 한 통신사의 광고를 살펴보자. 혼자 산 지 15년 정도 된 할아버지는 하루 종일 말 한마디 안 할 때도 있었다며 인터뷰를 시작한다.

화면이 바뀌며 AI 케어로봇 '다솜이'가 할아버지에게 묻는다.

"오늘 기분이 어떠세요?"

"노인네가 맨날 똑같지 뭐. 오늘이라고 다를 게 있나."

할아버지는 외출을 위해 빗으로 머리를 손질하며 대답한다.

"날씨가 좋네요. 가벼운 운동이 어떨까요?"

다솜이는 할아버지에게 외출을 제안한다.

"그럼 함 나가볼까?"

할아버지는 이렇게 대답하며 집을 나선다. 시장에 도착한 할아버지는 실치를 산 후 집으로 돌아온다.

오후 6시가 되자 다솜이는 식사 시간을 알려준다.

"어르신, 저녁식사 시간입니다"

식사 후에는 약 드실 시간임을 확인시켜 준다.

"이런, 약 먹는 걸 또 잊을 뻔했네."

할아버지는 이렇게 말하며 가스레인지에 주전자 물을 올린다. 그러다가 깜박 잠이 든 할아버지. 물이 다 끓은 주전자에서는 계속 '삐익' 소리가 난다.

"뉴스를 틀어드릴까요?"

다솜이가 묻지만 아무런 반응이 없다.

"어르신, 어르신!"

다솜이는 할아버지를 다급히 찾는다. 그리고 긴급 상황 호출을 도우미와 보호자에게 전달한다. 급하게 집으로 찾아온 사회복지관 생활지원사는 할아버지의 상황을 확인하고 안도한다.

다시 화면이 바뀌고 호두를 까며 다솜이와 끝말잇기 게임을 하는 할아버지.

"다솜이가 나의 베스트 프렌즈야!"

할아버지는 너털웃음을 짓는다.

광고 속 김정문 할아버지가 다솜이라는 AI 로봇과 커뮤니케이션을 하는 장면은 이제 아주 흔한 일상이 되었다. 우리는 집 안

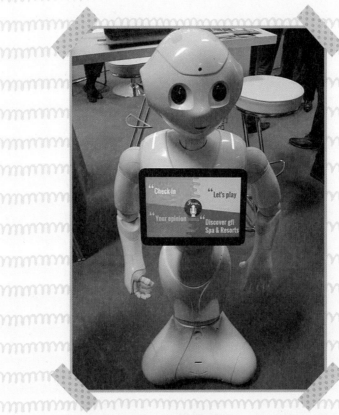

대화형 로봇
AI 로봇과 커뮤니케이션하는 장면은 이제 아주 흔한 일상이 되었다.

거실이나 방에 놓인 AI 스피커에게 좋아하는 노래를 틀어달라고 하거나 자동차에 설치된 AI 기반의 앱에게 원하는 곳의 안내를 명령한다. 자동차 내비게이션은 목적지로 안내를 시작하면서 실시간 교통정보를 확인해 최적의 이동경로를 제안하기도 한다. 추운 겨울 스마트폰 어플을 통해 자동차 시동을 먼저 걸어 놓거나 집안의 보일러의 온도를 높여 놓는 일도 흔한 풍경이 되었다.

하나의 사례를 더 들어보도록 하자. 2023년 11월 공개된 최신 버전의 챗지피티인 '지피티-4 터보GPT-4 Turbo'는 데이터 학습 시간을 23년 4월까지로 늘리면서 사용자에게 좀 더 최신의 정보를 제공할 수 있게 되었다. 또 한 번에 입력할 수 있는 질문의 양도 3천 단어에서 일반 책 300쪽 분량까지로 늘렸다. 덕분에 장편 소설이나 전문 서적을 목적에 맞게 분석해 주거나 복잡한 데이터 분석도 가능해졌다. 보다 유용한 정보를 지피티와의 채팅을 통해 얻을 수 있게 된 것이다.

온라인 쇼핑, 은행, 공공기관 등에서 운영하는 AI 고객센터의 AI 모델들도 계속해서 새로운 버전으로 업데이트를 계속하고 있다. 성능이 향상된 챗봇들은 고객이 원하는 적절한 피드백(답변)을 더욱 정교하게 제공할 수 있게 될 것이다.

인간과 기계의 커뮤니케이션은 계속해서 발전할 것으로 보인다. 인간과 구분이 불가능한 겉모습을 하고 인간처럼 대화가 가능한 인공지능 로봇과 커뮤니케이션을 할 수 있는 미래에는, 인간과 기계, 기계와 기계들이 나누는 커뮤니케이션이 커뮤니케이션학에 중요한 연구주제가 될 것이다.

AI시대 커뮤니케이션 환경은
어떻게 변화할까?

〈그녀 Her〉(2013), 감독 스파이크 존즈 Spike Jonze

〈그녀〉는 가까운 미래를 배경으로 미국의 LA에서 다른 사람의 편지를 써주는 대필 작가로 일하고 있는 테오도르와 인공지능 운영체제AI OS인 '사만다'와의 관계 맺음을 다루고 있는 영화이다.

아내와 별거 중인 테오도르는 진정한 소통의 대상을 찾지 못하고 외로운 나날을 보내고 있다. 그러던 어느 날 그는 인공지능을 가진 세계 최초의 운영체제인 OS1의 출시 광고를 보고 자신의 컴퓨터에 설치한다.

OS1(사만다─그녀)은 다정하게 테오도르에게 말을 걸며 테오도르의 고민을 들어주고 명확한 해결방안을 제시해 준다. 테오도르에 관한 모든 정보가 데이터베이스 형태로 컴퓨터에 저장되어 있기에 OS1(사만다)은 데이터 분석을 통해 테오도르가 원하는 답을 들려줄 수 있다. 그녀(사만다)는 테오도르의 소개팅을 코치해 주기까지 한다!

테오도르는 자신을 그 누구보다 잘 이해해 주는 사만다에게 사랑의 감정을 느끼게 된다. 테오도르의 주변에는 다큐멘터리 제작자인 친구 에이미와 별거 중인 아내 캐서린 등 진짜 사람들이 있지만 사만다와의 대화에서 느낄 수 있는

만큼의 행복감을 주지는 못했기 때문이다.

　테오도르와 사만다의 커뮤니케이션은 컴퓨터 앞에서만 이루어지는 것은 아니다. 스마트폰과 카메라 렌즈를 통해 연결된 두 사람, 아니 두 존재는 테오도르가 밖에서 눈으로 보고 듣고 느끼는 것까지 모두 공유한다.

　테오도르가 사만다와 어떤 결말을 맞이했는지, 별거 중인 캐서린, 고민을 함께 나누었던 오랜 친구인 에이미는 테오도르에게 어떤 존재로 남았을지는 직접 영화를 보면서 확인하면 좋겠다.

　중요한 건 테오도르가 경험했던 AI 기능이 탑재된 기계와 인간의 커뮤니케이션은 앞으로 점점 더 정교해지고 보편화된 형태로 우리에게 다가올 것이라는 사실이다. 4장에서 살펴본 광고 속 김정문 할아버지와 다솜이가 만들어 가는 관계 맺음의 경험들이 김정문 할아버지의 삶을 어떻게 변화시킬지 또 그 한계는 무엇인지도 생각해 보면 좋겠다.

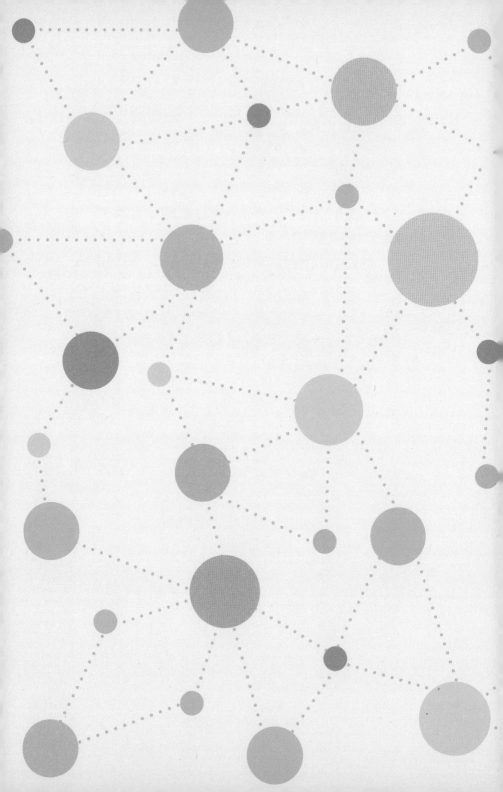

5

커뮤니케이션학에서의 '미디어'

미디어란 무엇일까?

미디어media는 라틴어 미디움medium의 복수형으로 '중간에 자리해 사이를 매개하는 것'이라는 뜻이다. 한글로는 '매체媒體'라고 한다. 중개/매개한다의 의미인 매媒와 몸, 형상을 의미하는 체體가 결합된 이 단어는 '어떤 것을 한쪽에서 중개해 다른 쪽으로 옮기는 역할을 하는 것'으로 풀어볼 수 있다. 결혼이 이루어지도록 두 사람을 중간에서 소개하는 '중매', 이사할 집을 계약할 때 판매자와 구매자를 연결해 주는 '공인중개사'도 일종의 미디어 역할을 하는 사람들이다.

커뮤니케이션학에서 미디어는 가장 기본적으로는 송신자와 수신자가 메시지를 주고받을 수 있도록 하는 과정을 만들어 주는 매개물을 지칭한다. 신문, 라디오, 텔레비전 방송 등의 매스커뮤니케이션 환경에서는 많은 사람들에게 한 번에 프로그램/메시지/정보/작품 등을 뿌려 주는broadcast 특정 미디어를 의미하기도 한다.

미디어의 개념은 사회문화 · 과학기술 · 제도 · 산업 등의 변화에 따라 새롭게 등장하는 미디어를 설명하기 위해 다양한 형태의 합성어로 결합되기도 한다.

특정할 수 없는 많은 사람들을 대상으로 일방향적인 정보를 제공하는 신문, 잡지, 도서, 라디오, 텔레비전 등을 지칭하기 위한 합성어, '매스미디어mass media'가 대표적이다. 즉각적인 쌍방향 커뮤니케이션이 가능한 인터넷 미디어를 지칭하는 '소셜미디어social media', 기존 미디어보다 훨씬 뛰어난 표현력, 선명함, 현실감을 제공하는 미디어를 지칭하는 '실감미디어immersive media', 음성 · 문자 · 그림 · 동영상 등 모든 형태의 정보를 하나의 기기 안에서 실현시키는 '멀티미디어multi-media', 개인블로그나 SNS 등을 기반으로 개인이 콘텐츠를 공유하는 커뮤니케이션 플랫폼을 의미하는 '1인 미디어personal media', 휴대성, 접속성, 정보처리속도, 멀티미디어성 등 거의 모든 부분에서 기존의 미디어와 구별되는 특성을 강조하기 위한 개념인 '스마트미디어smart media' 등 새로운 미디어 개념은 계속해서 만들어지고 있다.

이전의 미디어와 다름을 강조하기 위한 미디어 관련 합성어를 총괄하는 개념으로는 '뉴미디어new media'가 있다. 뉴미디어는 기존 미디어를 모두 '올드미디어old media'의 위치로 밀어낸다. 지금처럼 급변하고 있는 미디어 환경에서는 뉴미디어로 분류되는 것들도 어느 순간 올드미디어로 불리게 될 것이다.

미디어 개념은 커뮤니케이션 과정을 이해하기 위한 필수불가결한 요소이다. 그런 의미에서 커뮤니케이션학은 미디어를 둘러싸고 벌어지는 급격한 변화가 인간의 커뮤니케이션에 어떤 영향을 주는지에 관한 연구를 하는 학문으로도 정의할 수 있다.

미디어 효과론

미디어가 이용자들에게 미치는 영향력은 무엇이고 그 크기는 얼마나 되는지를 탐구하는 '미디어 효과 연구'는 커뮤니케이션학의 주요 분야이다.

미디어 효과 연구는 매스미디어의 보급이 본격화되는 1920년대 이후 시작되었다. 이 시기에는 대중 교육의 보급으로 글을 읽을 수 있는 사람들이 늘어나면서 신문의 보급이 늘어났고 대량 복제 기술의 발달로 값싼 페이퍼백paper back 도서가 출판되어 독자층을 넓혔다. 라디오, 영화 등의 뉴미디어들도 대중의 삶에 깊숙이 자리 잡기 시작했다.

매스미디어에 대한 의존도가 높아지면 질수록 매스미디어가 대중을 잘못된 방향으로 몰고 가는 것은 아닌지에 대한 논쟁이 활발해졌다. 매스미디어 효과에 관한 최초의 이론인 '탄환이론' 은 이러한 배경에서 등장했다.

탄환이론the Bullet Theory은 매스미디어의 메시지가 마치 '마법의 탄환the magic bullet'처럼 미디어 수용자 개인의 마음에 직접적인 영향을 미쳐 행동변화를 촉발시킨다는 이론이다. 탄환이론은 수용자에게 영향을 미치는 다른 요소를 전혀 고려하지 않고 있다는 측면에서 많은 비판을 받았다. 사람들은 미디어뿐만 아니라 주위 사람이나 자신이 속한 가족, 학교, 직장, 온라인 커뮤니티 등의 사회집단 등에게도 많은 영향을 받을 수 있기 때문이다. 그럼에도 탄환이론은 미디어 효과에 관한 최초의 이론으로 이후의 다양한 커뮤니케이션 관련 이론에 큰 영향을 미쳤다는 데 의미가 있다.

탄환이론 이후 2단계 유통이론Two Step Flow Theory, 이용과 충족이론Uses and Gratifications Theory, 의제설정이론Agenda-Setting Theory,

침묵의 나선이론The Spiral of Silence Theory, 틀짓기이론Framing Theory, 제3자 효과이론The Third Person Effect Theory 등의 여러 이론들이 미디어가 사람들에게 미치는 영향의 정도와 방향을 심층적으로 이해하기 위해 고안되었다.

커뮤니케이션학에서는 이러한 이론적 관점을 가지고 미디어와 미디어 수용자 간의 관계와 영향을 심층적으로 연구한다. 이를 틀짓기이론 사례를 통해 확인해 보도록 하자.

틀짓기이론은 사회학자인 어빙 고프만Erving Goffman, 1922~1982에 의해 주창된 이론이다. 사람마다 사물을 바라보거나 해석할 때 사용하는 기준틀과 인지구조schema가 다르기 때문에 누구나 자신의 가치와 관점에 따라 세상을 이해한다는 이론이다.

커뮤니케이션학에서의 미디어 틀짓기media framing는 매스미디어가 현실의 특정 측면을 선택, 강조하고 수용자에게 설명하는 반면, 다른 것은 소홀히 하고 무시하는 성향을 가리킨다.

방송국에서 뉴스를 보도하는 과정은 미디어 틀짓기의 연속적인 과정이기도 하다. 어떤 뉴스를 보도할 것인지, 그 뉴스를 어디에 위치시킬 것인지, 제목을 어떻게 할 것인지, 카메라의 위치, 보도하는 어휘는 어떤 것으로 선택할 것인지 등을 통해 뉴스는 사람들이 세상을 바라보는 특정한 틀을 제공한다. 특정한 틀짓기를 통해 생산된 뉴스는 수용자가 세상을 해석하는 기준틀과 인

지구조에 영향을 미칠 수 있다.

미디어를 이해하는 새로운 관점, 마셜 매클루언

캐나다 출신의 영문학자, 사회사상가, 커뮤니케이션 이론가인 마셜 매클루언Herbert Marshall McLuhan, 1911~1980은 미디어가 사람들에게 미치는 영향을 탐구하는 독특한 시각이 담긴 《미디어의 이해: 인간의 확장Understanding Media: The Extensions of Man》1964의 저자로 잘 알려져 있다. 이 책은 커뮤니케이션학에서 가장 유명한 저서 중 하나이기도 하다.

그는 '미디어는 메시지다Media are messages'라는 말로 커뮤니케이션 과정에서 '미디어'의 중요성을 다시 한 번 강조했고 '글로벌 빌리지global village'란 단어로 네크워크로 연결된 지구촌이라는 개념을 예언하기도 했다.

'미디어는 메시지다'라는 짧은 문장을 통해 그는 미디어가 단순하게 메시지를 전달하는 역할에 머무르지는 않음을 상징적으로 표현하고 있다. 매클루언은 우리가 3장에서 살펴본 '커뮤니케이션 모델'이나 바로 앞의 '미디어란 무엇인가?'에서 정리한 일반적인 의미의 미디어 개념과는 다른 관점에서 미디어를 살펴볼

마셜 매클루언
'미디어는 메시지다'라는 말을 남긴 커뮤니케이션학의 선구자

것을 제안한다.

매클루언은 미디어가 인간의 의식과 세계관을 바꾸는 역할을 한다고 주장하며, 인간의 신체 감각이 미디어에 보여 주는 반응을 중심으로 미디어를 성찰해 볼 것을 주장했다.《미디어의 이해》의 부제가 '인간의 확장The Extensions of Man'인 것은 이런 이유 때문이다.

이를 위해 그는 '쿨cool 미디어'와 '핫hot 미디어'라는 독특한 기준으로 미디어를 분류하고 분석했는데, 쿨미디어와 핫미디어는 '미디어 자체의 정세도정보량'와 '수용자의 참여 정도'에 따라 분류된다. 쿨미디어는 담고 있는 정보가 적기 때문에 수용자의 적극적이고 능동적인 참여가 필요하다. 반대로 핫미디어는 많은 정보량을 가지고 있기 때문에 수용자는 미디어가 전달하는 정보를 단순하게 받아들이는 데 힘을 써야 한다. '만화와 사진', '텔레비전과 영화'를 비교해 보면 만화, 텔레비전이 쿨미디어이고 사진, 영화가 핫미디어가 된다.

인간이 미디어에 보여 주는 반응을 통해 미디어가 어떻게 인간의 삶을 바꾸어 가는지를 성찰한 매클루언의 관점은 미디어와 인간의 상호작용에 관한 커뮤니케이션학 연구에 새로운 방향을 제시한 것으로 평가받는다.

디지털 미디어 혁명

디지털 미디어 혁명은 컴퓨터의 발명으로부터 시작되었다. 컴퓨터는 '계산하다'라는 의미의 라틴어 'Computare'을 어원으로 하고 있다. 기계식아날로그 계산기로 시작된 컴퓨터의 역사는 1937년 미국 벨 연구소의 조지 스티브츠George Stibitz, 1904~1995가 개발한 이진법을 사용하는 최초의 전자식 디지털 계산기를 기점으로 디지털화되기 시작했다. 이후 최초의 컴퓨터라 불리는 MARK-1이 1944년, 애니악ENIAC이 1946년 개발되었고, 1970년대 개인용 PCPersonal Computer의 등장은 컴퓨터의 개인화를 알리는 신호탄이 되었다. PC는 현재 스마트 미디어의 형태로 컴퓨터, TV, 자동차, 냉장고, 스피커 등 거의 모든 전자 기기 안에 탑재되어 모든 기기들을 컴퓨터화computerize하고 있다.

컴퓨터화는 세상의 모든 정보를 디지털 기호로 바꾸어 데이터베이스로 만들어 이용할 수 있게 한다. 모든 정보가 데이터베이스 안으로 들어온다면 인간은 세계를 데이터베이스 속에서 이해하게 된다. 디지털 미디어 혁명은 데이터베이스가 구축한 세계 안에서 인간의 삶을 구축하는 과정을 의미한다고도 할 수 있다. 이를 여러분이 경험할 만한 장면을 통해 확인해 보도록 하자.

학년이 바뀌고 새로운 교실에서 처음 짝꿍을 만난다. 서로 짧은 인사를 나눈 후, 어색한 분위기가 잠시 흐르고 먼저 용기를 낸 한 친구가 말을 걸어 온다. 이런저런 이야기를 나누다가 좋아하는 노래, 가수가 같다는 것을 확인하고 하이파이브를 하며 깔깔 웃는다. 한 친구가 스마트폰으로 그 노래의 뮤직비디오를 찾아 자신이 좋아하는 부분이 어디인지를 알려준다. 두 친구는 노래를 같이 흥얼거린다.

여러분도 두 친구처럼 스마트폰으로 음악을 듣거나 보는 방식으로 좋아하는 노래를 즐길 것이다. 하지만 시간을 조금만 거슬러 올라가보면 그렇지 않았다는 걸 쉽게 확인할 수 있다.

1970년대만 해도 좋아하는 가수의 음악을 듣기 위해서는 음반LP을 구매하거나 시간에 맞추어 라디오, 텔레비전 방송을 보고 들어야 했다. 그것도 아니면 음악다방에 가서 DJ에게 노래를 신청해야 했다.

1980년대는 카세트, CD플레이어가 등장해 휴대성을 비약적으로 발전시키는 했지만 지금의 기준으로 보면 상당히 불편한 음악 감상 시스템이었다. 1998년 개발된 MP3플레이어는 파일형식 음원으로 음악을 듣는 것을 보편화시켰다. 2000년 초반부터 수많은 MP3플레이어들이 출시되었고 많은 사람들이 이를 통해 음악을 즐겼다. 지금 우리는 특별한 경우가 아니면 대부분 음원 스트리밍 서비스와 스마트 미디어를 이용해 음악을 즐긴다. CD,

LP, 카세트테이프 등은 레트로retro한 감성을 자극하는 아이템이 되었다.

음악을 감상하는 주요 방식이 'LP→카세트테이프→CD→MP3→스트리밍'으로 바뀌듯이 미디어는 계속해서 변화한다. 미디어를 사용하는 방식의 변화는 우리 삶의 양식의 변화로 이어진다. 이러한 변화가 쌓이면서 인간의 의식과 세계관도 변할 수 있다. 매클루언이 지적했듯이 말이다.

우리가 동네 공원에서 이어폰으로 노래를 들으면서 운동을 할 수 있게 된 건 일본의 소니sony가 1979년 판매를 시작한 워크맨walkman이 불러일으킨 변화 때문이다. '걷거나 대중교통으로 이동하면서 혼자 음악 감상하기'는 워크맨 이전에는 거의 불가능한 생활양식이었다. 그리고 이 생활양식은 '가장 시끄러운 공공장소를 가장 개인적인 공간'으로 바꿀 수 있게 만들었다.

다시 교실 안 두 친구에게로 돌아가 보자. 두 친구가 아주 간단하게 좋아하는 노래를 같이 들을 수 있게 된 건 모든 노래의 음원들이 디지털 기호의 형태로 데이터베이스화되어 있기 때문이다. 그리고 한 친구의 스마트폰이 데이터베이스화 되어 있는 음원사이트·동영상 플랫폼에 네트워크로 연결되어 있기 때문이기도 하다.

만약 1970년대 교실에서 만난 두 친구였다면 다음에 꼭 같이

집에서 들어보자고 약속했을 것이다. 좋아하는 가수의 음반과 오디오가 있는 친구의 삼촌 방에 몰래 들어가 같이 노래를 들으며 즐거워했을지도 모르겠다.

이 책을 읽고 있을 10대 독자들은 모두 디지털 네이티브Digital Native들이다. 태어날 때부터 스마트 미디어에 익숙한 여러분들이 디지털 미디어 혁명이 인간의 삶에 일으킨 변화를 체감하기는 어렵다. 디지털 미디어가 숨 쉬는 공기처럼 너무나 자연스럽기 때문이다.

커뮤니케이션학은 이렇게 당연하고 자연스러워 보이는 미디어 현상들을 역사적인 관점에서 접근해 그 숨겨진 의미를 연구하는 학문이기도 하다. 커뮤니케이션학에서 디지털 미디어 혁명이 중요한 건 이 때문이다.

글로벌 미디어 플랫폼의 시대

디지털 미디어 혁명은 우리의 일상 리듬과 세계 인식을 바꾸어 놓고 있다. 이전에는 상상할 수 없었던 것들이 너무나 자연스럽게 우리 삶의 방식을 다시 쓰게 하고 있다. 디지털화된 세계는 물리적 영토를 시간과 공간의 제약 없이 연결하고 그 안에서 사람들이 커뮤니케이션하며 즐길 수 있도록 만들었다. TGIF[트위터현재 X, 구글, 아이폰, 페이스북], 인스타그램, 넷플릭스, 디즈니플러스, 유튜브 등의 글로벌 미디어 플랫폼의 등장은 매클루언이 예언한 글로벌 빌리지지구촌가 온라인 공간에서 실현될 수 있음을 보여 주고 있다. 우리가 모두 알 만한 몇 가지 사례를 통해 이를 확인해 보도록 하자.

2012년 싸이PSY는 6집의 타이틀곡인 '강남스타일'을 디지털 다운로드 포맷의 싱글로 발표했다. 이후 이 노래는 뮤직비디오의 공개와 함께 전 세계적인 인기를 끌었다. 당사자인 싸이도 당황스러워한 이 현상의 중심에 유튜브가 있었다.

2012년 7월 15일 유튜브에 공개된 뮤직비디오는 말춤과 함께 전 세계로 퍼져나갔고 2014년 12월 2일 유튜브 조회 수의 한계치21억 4,748만 3,647건를 돌파해 프로그램 업데이트를 진행하게 만들었다. 전 세계 30개국 이상의 공식 차트에서 1위를 기록한 '강남스타일'의 뮤직비디오는 현재2023년 11월 16일 약 49억 회의 조회 수를 기록하고 있다.

1998년 4월 세계 최초의 온라인 DVD 대여 서비스로 사업을 시작한 넷플릭스는 2007년 미국을 시작으로 스트리밍 서비스를 전 세계로 확장한국은 2016년하면서 글로벌 미디어 플랫폼이 되었다. 2억 4천만이 넘는 구독자 수2023년 3분기를 가진 넷플릭스를 통해 전 세계 미디어 이용자들은 다양한 국가에서 제작하는 드라마, 영화, 다큐멘터리, 애니메이션, 예능 프로그램 등을 동시에 즐길 수 있다.

〈오징어 게임〉2021, 〈이태원 클라쓰〉2020, 〈킹덤〉2019, 〈피지컬: 100〉2023, 〈솔로지옥〉2021 등의 우리나라 작품에 손쉽게 접근가능하게 된 세계 각지의 이용자들에게 한국이 친숙해지는 건 어쩌면 당연한 일일 것이다.

BTS방탄소년단의 세계적인 관심도 온라인 공간의 글로벌 미디어 플랫폼에서 시작되었다. 2013년 데뷔한 BTS는 2014년 창단식을 가진 공식 팬클럽 아미A.R.M.Y의 주요 커뮤니케이션 채널인 트위터현재 X, 인스타그램 등의 소셜네트워크서비스SNS:Social Network Service를 통해 글로벌 아이돌 그룹이 되었다. BTS의 북미라디오 진출을 돕기 위해 미국의 아미를 중심으로 미국 50개 주 지역라디오 방송국에 BTS의 노래를 신청하는 '@BTSx50States' 프로젝트는 미국 현지에 BTS의 노래를 알리는 데 큰 공헌을 했고 아미들의 자발적인 홍보활동은 BTS가 아메리칸 뮤직 어워드Favorite Social Artist, 빌보드 뮤직어워드Top Social Artist 등의 수상을 하는 데 큰 기여를 했다. 유튜브, 트위터현재X, 페이스북, 인스타그램 등의 글로벌 미디어 플랫폼이 없었다면 실현되기 어려운 일들이 아미들의 자발적인 참여로 현실화된 것이다.

글로벌 미디어 플랫폼에서의 여러 현상은 우리의 커뮤니케이션 환경이 물리적 현실 세계뿐만 아니라 온라인 공간으로 확장되고 있음을 보여 준다. SNS 공간, 가상현실, 혼합현실, 증강현실 등, 현실세계와는 다른 시간과 공간에서의 커뮤니케이션이 우리의 삶을 구성하는 아주 중요한 부분이 되고 있는 것이다.

미디어는 우리의 세계 인식을 어떻게 변화시킬까?

〈휴고^{HUGO}〉(2011), 감독 마틴 스콜세지^{Martin Scorsese}

우리는 세상에 관한 소식을 대부분 미디어로 접한다. 사람들은 가족, 친구들과 얼굴을 맞대고 대화를 나누고 약속이 있는 목적지로 이동하면서 많은 것을 직접 보고 들으면서 세상에 관한 정보를 얻는다. 하지만 이는 극히 일부분에 불과하다. 세계가 어떻게 돌아가고 있는지를 인식하는 것은 대부분 '미디어'를 통해서 간접적으로 이루어지기 때문이다.

미디어가 제공하는 특정한 방식을 통해 세계를 이해하고 해석한다는 사실에서 우리는 다시 마셜 매클루언의 '미디어는 메시지다'라는 문장을 떠올릴 수 있다.

〈휴고〉는 영화의 초창기 역사에서 아주 중요한 인물인 조르주 멜리에스 Georges Melies 1861~1938에 관한 존경의 마음을 담아낸 마틴 스콜세지[•]의 작품이다. 조르주 멜리에스는 뤼미에르 형제와 함께 영화라는 미디어를 본격적으로 출발시킨 영화 제작자이자 감독이다. 일반적으로 뤼미에르 형제를 현실을 있는 그대로 담아내는 영화의 특성을 최초로 실현시킨 인물로 평가하고, 멜리에스는 영화를 예술로 인식하고 작품을 만든 최초의 인물로 평가하고 있다.

〈휴고〉는 제1차 세계대전이 끝난 지 13년이 지난 1931년 프랑스 파리의 기차역 주변이 주요 배경이다. 영화는 휴고라는 아이의 시선으로 당시 최첨단의 기술들이 모두 모여 있는 파리라는 도시의 풍경을 담아내고 있다. 영화는 회중시계, 시계탑, 자동인형automaton, 기차, 영화 등의 아날로그 기계 문명으로 가득 찬 파리에서, 영화가 당시의 사람들에게 어떤 영향을 미친 뉴미디어였는지를 잊혀진 존재였던 멜리에스를 다시 발견하는 과정을 통해 관객에게 전달하고 있다.

1895년 파리의 그랑 카페에서 상영된 뤼미에르 형제의 영화를 보고 충격을 받았던 마술사 멜리에스는 뤼미에르에게 촬영 카메라와 영사 기능이 가능한 시네마토그래프를 사려고 했지만 거절당한다. 이후 자신의 힘으로 카메라 · 영사기를 개발한 멜리에스는 영화라는 미디어의 가능성을 실현시키는 여러 시도들을 한다. 화면에서 갑자기 사라지는 사람들, 우주 비행선의 달 착륙을 묘사하는 독특한 연출, 필름에 직접 색을 칠해 만들어낸 컬러 이미지 등의 시도는 관객들에게 이전에는 경험할 수 없었던 새로운 시각적 경험을 제공했다.

현실과 다른 세계를 만들어낼 수 있는 영화 미디어의 가능성을 탐구한 멜리에스의 시도들은 오늘날 3D, 아이맥스, 디지털 특수효과 등이 결합된 영화, 게임, 드라마, 앱, 미디어 아트 등으로 계속해서 이어지고 있다. 미디어가 제공하는 새로운 경험으로 인간이 세계를 인식하는 방식도 계속해서 변화하고 있다. 멜리에스의 영화를 보고 탄복했던 20세기 초 파리 사람들처럼 말이다.

●마틴 스콜세지는 영화 역사에 남을 만한 다수의 작품들을 감독한 현대 영화의 거장이다. 봉준호 감독이 〈기생충〉으로 2020년 제92회 아카데미 감독상에 관한 수상 소감을 할 때 존경을 표했던 감독이기도 하다.

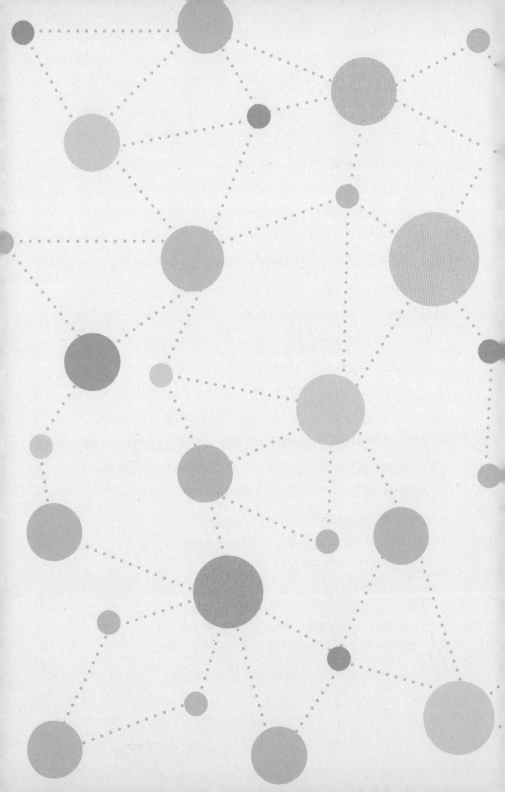

6

커뮤니케이션학에서의 '세계'

세계의 확장

2016년 7월 처음으로 공식 출시된 모바일 앱 게임 포켓몬고 Pokémon GO는 현실과 가상의 극적인 만남을 상징하는 하나의 사건이었다. 첫 8주 동안 5억 회 이상 다운로드 된 이 증강현실AR: Augmented Reality 게임은 인간의 커뮤니케이션 환경이 물리적 현실 너머로 확장되고 있음을 확실하게 경험하게 해 주었다.

포켓몬고가 출시된 지 8년이 지난 지금 사람들의 커뮤니케이션 경험은 현실Real, 증강현실, 증강가상AV, Augmented Virtuality, 가상 Virtual 세계를 넘나들며 활발하게 이루어지고 있다. 우리가 시간이

날 때마다 접속하는 온라인 공간은 게임의 가상세계가 펼쳐지는 공간이자 스마트폰 앱 카메라로 여행지를 비추면 여행지 맛집 정보가 겹쳐지는 증강현실의 공간이기도 하다. 가상으로 펼쳐진 디지털 공간에 내가 놓여 있는 것과 같은 증강가상의 경험도 미디어 아트, 박물관 등의 몰입형 체험 전시 공간에서 쉽게 경험할 수 있게 되었다.

빈센트 반 고흐Vincent van Gogh, 1853~1890, 데이비드 호크니David Hockney, 1937~ 와 같은 세계적인 화가의 그림을 360도 5면으로 모두 비추는 디지털 프로젝션, 음향, VR 기기 등으로 새롭게 체험하는 경험은 증강가상의 세계에서 이루어진다.

폴 밀그램Paul Milgram은 사람들이 여러 세계를 넘나들며 경험하는 과정을 설명하기 위해 '현실과 가상의 연속성' 스펙트럼을 제안했다. 폴 밀그램은 현실과 가상의 연속성의 스펙트럼에서 경험하는 현실을 통합적으로 이해하기 위해 혼합현실MR, Mixed Reality 개념을 제안한다.

우리의 생활에서 혼합현실의 세계를 경험하는 것은 매우 일상적인 일이 되었다. 날씨 예보를 위해 증강가상 스튜디오에 서 있는 기상 캐스터를 텔레비전 스크린으로 보며 식사하는 장면을 상상해 보자. 같이 식사를 하는 가족과 대화를 나누면서 증강가상 스튜디오에서 기상 캐스터가 전달하는 날씨 정보를 온라인으로 연결된 텔레비전을 통해 시청할 것이다. 식사 후에는 버스를 기다리며 정류장에서 친구와 같이 게임을 할 수도 있다. 우리는 너무 자연스러워 깨닫지 못하고 있지만 '현실-증강가상-현실-가상' 등이 정확하게 구분되지 않는 채 서로 교차하면서 만들어지는 환경에서 살아가고 있는 것이다.

커뮤니케이션학은 사람들이 현실, 증강현실, 증강가상, 가상현실 등의 여러 세계를 넘나들며 세상을 이해하고 메시지를 주고받는 일련의 과정이 인간의 커뮤니케이션에 어떤 영향을 미치고 있는지를 탐구하는 학문이기도 하다.

메타버스

디지털화된 세계에서 확장된 세계를 경험하는 것이 자연스러워지면서 이를 이해하기 위한 새로운 용어나 개념들이 등장하고 있다. 메타버스metaverse는 이중 가장 보편적으로 사용되는 가장 최신의 개념 중 하나이다.

메타버스는 추상, 가상, 초월을 뜻하는 그리스어 메타Meta와 세계, 우주를 뜻하는 유니버스Universe의 합성어이다. 이 개념은 미국의 소설가인 닐 스티븐슨Neal Stephenson이 1992년 발표한《스노우 크래쉬Snow Crash》에서 처음 사용되었다. 소설에서 메타버스는 고글과 이어폰으로 접근할 수 있는 가상세계의 대체어로 사용된다.

현재 메타버스는 소설에서 사용한 가상세계를 의미하기보다는 확장현실XR, eXtended Reality이 구현된 디지털화된 세계라는 좀 더 포괄적인 의미로 사용된다. 미국의 기술 연구단체인 ASFAcceleration Studies Foundation는 메타버스를 '가상적으로 확장된 물리적 현실과 물리적으로 영구화된 가상공간의 융합'으로 정의한다.

ASF는 메타버스를 증강현실, 라이프로깅, 거울, 가상세계로 분류한다. 이해를 돕기 위해 이 분류를 조금 더 살펴보도록 하자. 증강현실 세계는 포켓몬고처럼 현실에 가상이 덧입혀진 세계를 의미한다. 라이프로깅lifelogging 세계는 현실의 내 모습과 생활을 디지털 공간/세계에 기록하고 공유하면서 만들어지는 세계이다. 페이스북, 인스타그램 등의 SNS 프로그램들이 대표적인 라이프로깅 세계이다.

거울mirror 세계는 현실 세계를 디지털 공간/세계에 그대로 복제해서 만들어 놓은 세계이다. 구글 어스, 네이버 맵 등의 지도 프로그램이나 이를 응용한 배달, 숙박, 택시 호출 앱 등이 대표적이다.

가상세계는 현실과 가장 직접적인 관련이 없는 세계로 〈리그

오브 레전드League of Legends,LoL〉, 〈리니지Linege〉 시리즈 등의 게임
이 가장 대표적이다.

　메타버스는 디지털 테크놀로지가 실현해내는 세계의 모습에
따라 의미를 더하거나 다른 개념이나 용어로 교체될 수 있을 것
이다. 하지만 시간이 지날수록 우리의 삶의 많은 부분이 디지털
화된 세계에서 이루어진다는 사실은 변하지 않는다.

　디지털화된 세계에서 인간의 커뮤니케이션은 여러 세계를 넘
나들며 '인간-인간', '인간-미디어-인간', '인간-AI기계', '인간-기
계/AI/미디어-환경' 등의 매우 다양한 형태로 분화되어 이루어
질 것이다. 세상 모든 것을 인간과 상호작용하게 만드는, '반응하
는 환경responsive environments'이 우리 앞에 놓여 있으니 말이다.

　'반응하는 환경'은 인간과 공간이 쌍방향으로 교류하는 현상
이 보편화되고 있음을 이해하기 위해 건축비평가이자 전시 큐레
이터인 루시 불리반트Lucy Bullivant가 사용한 개념이다. 인간과 공
간이 쌍방향으로 소통하기 위해서는 인간과 공간을 매개해 주는
미디어가 존재해야 한다. 우리가 집 밖에서 집 안의 온도, 습도,
조명을 조절할 수 있는 건 '인간-미디어[스마트폰-네트워크-홈
IOT에어컨·보일러·가습기·조명]-공간집'과 같이 인간과 공간이 미디
어로 연결되어 있기 때문이다.

　반응하는 환경은 당연히 가상의 공간에서도 작동한다. 가상 세

계에서 다른 캐릭터들을 만나고 가상 세계를 이해하기 위해 탐험하는 과정에서 우리는 반응하는 환경을 만날 수 있다.

멀티플 월드, 멀티 페르소나

디지털화된 세계에서 우리는 물리적 현실세계에 존재하는 '나' 말고도 자신의 정체성을 정의하는 여러 '페르소나persona'들을 가진 채 살아가고 있다. 페르소나는 스위스의 정신과 의사이자 심리학자인 칼 융Carl Gustav Jung, 1875~1961이 사회적 존재인 인간의 특성을 설명하기 위해 고안한 용어이다. 가면을 의미하는 그리스어가 어원인 페르소나는 원래의 내 모습과 사회에서 기대하는 나 사이에 어딘가에 위치하는 과정에서 만들어진다. 사회적 요구에 반응하는 내 모습인 페르소나는 자아 커뮤니케이션의 과정을 통해 만들어지기 시작한다.

자신이 원하는 내 모습과 사회가 원하는 모습과의 충돌과 조정의 과정은 디지털화된 세계에서 더욱 극적으로 전개된다. 완전한 가상세계인 게임 속 캐릭터나 SNS 등의 일상 커뮤니케이션에서 활용되는 미모티콘MEmoticon●에 이르기까지 다른 사람에게 전해지는 페르소나는 다양한 형태로 여러 세계에 존재하는 '나'

의 정체성을 구성한다.

현실과 다른 페르소나의 실현은 대표적인 가상세계인 게임에서 가장 두드러진다. 〈리그 오브 레전드〉는 기존 게임과 비교해 게이머가 플레이할 수 있는 캐릭터의 수를 크게 늘리고 각 캐릭터의 특성을 시각 이미지로 세밀하게 표현해냄으로써 게이머의 페르소나 실현을 돕고 있다. 게이머는 챔피언이라고 불리는 160명이 넘는 플레이어 캐릭터PC:Player Character를 선택할 수 있다. 게이머는 개성 넘치는 외모와 각기 다른 능력치를 가진 챔피언에게 여러 아이템들을 장착함으로써 게임 세계에서 자신의 능력을 뽐낼 수 있다.

〈리그 오브 레전드〉는 〈아케인 : 리그 오브 레전드Arcane : League of Legends〉2021를 통해 게임 세계의 세계관을 애니메이션 시리즈로 확장했다. 게임 세계에서 자신이 플레이했던 챔피언 캐릭터들과 애니메이션 시리즈에 새롭게 등장하는 캐릭터들이 만들어가는 〈아케인〉은 '현실의 게이머-게임 속 챔피언-애니메이션 속 챔피언과 새로운 캐릭터들' 간의 세계를 넘나드는 상호작용이 가

●나me와 이모티콘emoticon의 합성어로 카메라를 통해 만들어낸 자신을 닮은 나만의 이모티콘을 의미한다. 미모티콘은 다양한 미디어 공간에서 나의 또 다른 자아를 나타내는 캐릭터로 활용된다.

가상현실 게임
우리는 이미 가상현실을 즐기는 시대를 살고 있다.

능함을 보여 준다.

페르소나는 가상인간, 가상아이돌 등의 형태로 미디어 엔터테인먼트 산업에서도 적극 활용되고 있다. 가상인간 애나ANA는 AI 보이스로 부른 첫 번째 디지털 싱글 〈SHINE BRIGHT〉2022를 발표해 가수로 정식 데뷔했다. YuA한유아, ROZY로지, 위니, 래아 등도 가상세계 공간에서 노래를 발표하거나 광고에 출연하며 활발하게 활동하고 있다.

2020년 11월에 데뷔한 아이돌 그룹인 에스파aespa는 가상세계와 현실세계를 넘나들며 활동하고 있으며, 에스파의 카리나, 지젤, 윈터, 닝닝 4명은 기존의 아이돌 그룹처럼 현실세계에서도 활동한다. 가상세계에서는 각 멤버의 또 다른 자아인 가상 인간 아바타가 활동하고 이 멤버들은 중간세계디지털 세계라고 명명하고 있다에서 만나 서로 교감을 나눈다.

현실, 가상, 중간세계를 넘나드는 세계관 아래에서 펼쳐지는 에스파의 스토리텔링이 가능해진 건 우리가 여러 세계들multiple worlds을 가로지르며 다양한 페르소나들multi personas로 자신의 정체성을 형성하고 있기 때문이다.

'나'를 이해하기 위해

디지털 미디어 혁명으로 인해 인간의 커뮤니케이션 환경은 급격하게 변화하고 있다. 자아 커뮤니케이션, 대면 커뮤니케이션, 조직 커뮤니케이션, 문화간 커뮤니케이션 등 인간과 인간 사이에 발생하는 커뮤니케이션과 방송, 신문, 영화, 잡지, 라디오, 스마트 미디어 등 미디어를 매개로 이루어지는 커뮤니케이션 연구와 같은 전통적인 커뮤니케이션학 연구 분야도 계속해서 '새로 고침' 되고 있는 중이다.

인간과 기계, 기계와 기계 사이의 상호작용에 관한 연구, 가상 · 증강현실 · 증강가상 등 디지털화된 세계에서 전개되는 커뮤니케이션 현상에 관한 연구 등이 새롭게 커뮤니케이션학 연구의 지평을 열고 있다.

그럼에도 불구하고 커뮤니케이션학에서 변하지 않는 것이 하나 있다. 모든 커뮤니케이션의 시작과 끝에는 항상 '내'가 있다는 사실이다. 현실세계에서 땅을 밟고 숨을 쉬며 서 있는 존재인 '나'란 존재가 없다면 커뮤니케이션은 이루어질 수 없다. 우리가 세상과 소통하는 근본적인 목적은 어쩌면 '나'를 좀 더 잘 이해하기 위해서인지도 모른다.

가상현실 세계는 우리에게
무엇을 줄 수 있을까?

〈레디 플레이어 원Ready Player One〉(2018),

감독 스티븐 스필버그Steven Spielberg

〈레디 플레이어 원〉은 '오아시스OASIS'라는 가상현실 게임이 세상을 지배하고 있는 2045년 미국 오하이오 주 콜럼버스를 배경으로 하는 SF영화이다.

영화에서 오아시스는 가상현실 게임이라기보다는 현실세계를 대신하는 가상세계 그 자체로 표현되어 있다. 컨테이너 박스를 가로세로로 다닥다닥 쌓아 만들어진 폐차장 같은 분위기의 트레일러 빈민촌에 사는 사람들에게 오아시스가 제공하는 게임세계는 현실세계의 암울함에서 벗어나 원하는 모든 것을 경험할 수 있는 곳이다.

컨테이너 박스마다 헤드 마운티드 디스플레이HMD:Head-mounted display를 쓰고 오아시스에 접속하고 있는 영화의 한 장면을 보면 이 사실을 쉽게 이해할 수 있다. 영화의 주인공인 10대 소년 웨이드 와츠도 이 게임세계에서 퍼시발 캐릭터로 플레이하며 자신이 원하는 것을 실현시키며 시간을 보낸다.

영화는 오아시스의 창시자인 괴짜 천재 제임스 할리데이의 유언이 발표되며 빠른 속도로 진행되기 시작한다. 그의 유언은 자신이 오아시스 가상현실 세계에 숨겨둔 3개의 미션에서 모두 승리하는 사람에게 오아시스의 소유권과 그가 가진 어마어마한 유산을 상속한다는 것이다. 당연히 이 게임 덕후인 웨이드도 미션에 뛰어든다.

미션 수행 과정에서 승리하기 위해서는 대중문화, 정확히는 1980년대 미국의 대중문화에 관한 관심과 애정이 있어야 한다. 미션을 숨겨둔 제임스 할리데이와 80년대 대중문화에 흠뻑 빠져 있었던 웨이드는 IOI 기업의 방해에도 불구하고 승리를 쟁취한다.

웨이드는 오아시스를 현실세계와 가상세계를 넘나들며 우정을 쌓은 팀원들과 공동으로 소유하겠다고 발표한다. 그러나 게임 속 가상현실 세계를 돈벌이를 위한 수단으로밖에 생각하지 않는 IOI 때문에 오아시스 접속은 차단되고 센터는 결국 모두 폐쇄된다.

영화에서 오아시스는 〈백 투더 퓨처〉, 〈샤이닝〉, 〈토요일 밤의 열기〉 등의 영화 속 이야기와 트레이서, 킹콩, 건담, 마스터 치프, 아이언 자이언트 등의 게임·애니메이션 등 대중문화 속 캐릭터들이 어우러져 만들어진 가상현실 세계로 표현되어 있다.

〈레디 플레이어 원〉은 메타버스와 같은 가상현실 세계가 우리에게 어떤 경험을 제공할 수 있는지, 그럼에도 변하지 않는 것들은 무엇인지에 관해 생각해 볼 거리를 던져 준다.

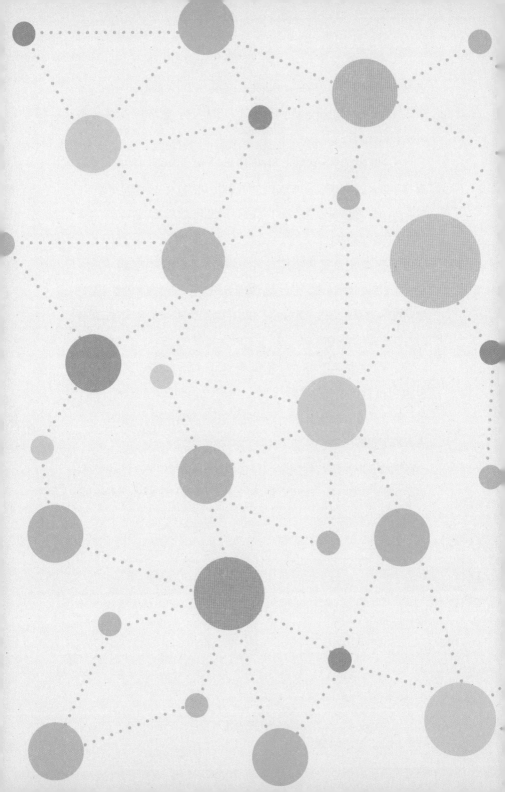

커뮤니케이션학을
전공하려는 10대에게

커뮤니케이션학의 매력

　세상과 소통하는 인간의 활동을 탐구하는 커뮤니케이션학은 늘 변화에 민감할 수밖에 없는 학문적 배경 아래에서 발전을 거듭해 왔다. 미디어의 컴퓨터화로 시작된 디지털 미디어 혁명은 커뮤니케이션학의 변화 속도를 더욱 증가시키고 있다. 커뮤니케이션학의 매력은 바로 이 변화의 속도에서 발견된다.

　커뮤니케이션학은 인간을 둘러싼 커뮤니케이션 환경 변화의 최전선에 서서 이를 온몸으로 체험하는 경험을 제공한다. '인간-미디어-세계'가 상호작용하며 만들어가는 커뮤니케이션학의 학문 분야는 창의적 시각으로 세상을 탐구하려는 사람들에게는 무궁무진한 가능성을 제공할 것이다.

현실과 가상을 넘나들며 발생하는 변화를 커뮤니케이션의 관점에서 탐구하는 과정은 나 자신이 속한 세계와 공감하고 소통하는 것의 의미를 깊게 성찰할 수 있는 기회를 제공할 것이다. 다양한 학문 분야가 교차하며 융합되는 커뮤니케이션학의 역동성은 빠르게 변화하는 세상을 이해하고 바꾸고 싶은 학생들에게 훌륭한 길잡이 역할을 할 수 있을 것이다.

졸업 후의 진로

커뮤니케이션학을 전공하는 학생들은 대부분 미디어와 관련된 분야에서 일하고 싶은 마음을 가지고 입학한다. 실제로도 많은 학생들이 졸업 후 미디어와 관련된 분야에서 일하고 있다.

가장 대표적인 진출 분야로는 저널리즘 영역에서 뉴스를 취재해 보도하는 전문직인 기자신문, 방송, 잡지, 사진, 방송카메라 등이다.

또 방송, 라디오, 광고, 영화, 게임, 온라인 플랫폼, 공연 등의 미디어 엔터테인먼트 산업에서도 졸업생들의 활약이 두드러진다. 기획 및 연출방송 프로듀서, 광고감독, 영화감독, 게임기획, 영화기획, 영상기획,

공연기획, 음악기획 등, **영상 제작**영상 편집, 영상 촬영, 디지털 VFX/특수효과, 게임 제작, 애니메이션 제작 등, **작가**영화 · 드라마 시나리오작가, 방송작가, 사진작가, 웹툰/만화작가 등, **평론**문화평론가, 영화평론가, 방송평론가, 웹툰/만화 평론가 등, **광고 · 홍보**광고 기획/AE, 크리에이티브 디렉터/CD, 아트 디렉터/AD, 카피라이터 등, **미디어 기업 일반**신문사, 방송사, 온라인 플랫폼 기업, 영화사, 엔터테인먼트 기획사, 광고홍보대행사, 통계조사회사 등, 미디어 관련 공공기관 등에서 활발하게 활동하고 있다.

미디어와 직접적으로 관련된 분야가 아니더라도 사회에서 커뮤니케이션학 전공자들이 필요한 곳은 상당히 많다. 현대 사회에서 미디어와 커뮤니케이션이 연관되지 않는 인간 활동은 거의 없기 때문이다.

AI, 메타버스, 글로벌 미디어 플랫폼 등으로 대표되는 커뮤니케이션 환경 변화에 적극적으로 대응할 수 있는 커뮤니케이션학 전공 학생이라면 어느 분야에서든지 자신의 몫을 충분히 해내는 인재가 될 것이다.

준비하고 키워야 할 역량

커뮤니케이션학을 공부하기 위해 가장 기본적으로 갖추어야

라디오 스튜디오에서 일하는 사람들
커뮤니케이션학을 전공한 학생들은 졸업 후 대부분
미디어와 관련된 분야에서 일하고 있다.

하는 것은 인간, 세계 그리고 인간과 세계를 연결해 주는 미디어에 관한 왕성한 호기심이다. 왕성한 호기심을 바탕으로 선입견 없이 세상을 이해하려고 노력하고 타인과의 소통을 두려워하지 않는 사람이라면 커뮤니케이션학 전공에 적합한 역량을 갖추었다고 할 수 있다.

〈커뮤니케이션학 전공을 위한 역량 체크 리스트 10〉

☐ 사회 현상에 관한 폭넓은 관심

☐ 글로벌한 시각

☐ 언론에 관한 관심

☐ 공감 능력

☐ 의사소통 능력

☐ 미디어 활용 능력

☐ 협업 능력

☐ 창의적 관점과 사고 능력

☐ 예술적 감성과 논리적 사고의 균형

☐ 새로운 시도를 두려워하지 않음

위의 체크 리스트를 확인하면서 커뮤니케이션학을 공부하는 데 필요한 능력을 꾸준하게 자신의 역량을 키워나간다면 독자 여러분의 진로를 구체화하는 데 실질적인 도움이 될 수 있을 것이다.

영감을 불러일으키는 연설가로도 유명한 애플의 창업자인 스티브 잡스Steve Jobs의 스탠포드 대학교 졸업 축사의 한 부분으로 책을 마무리할까 한다. 독자 여러분 앞에 놓인 가능성이라는 점들을 연결해 자신만의 인생을 그려 나가기를 응원하면서 말이다.

"우리에게는 지금 우리 앞에 놓인 많은 점을 연결해 미래를 점칠 능력이 없습니다. 오직 지난 일을 돌이켜 보며 그 점들을 이어볼 따름이죠. 하지만 여러분은 여러분의 앞날에 그 점들이 어떤 식으로든 이어질 것이라고 믿어야 합니다. 여러분의 배짱과 운명, 삶과 업보, 그 무엇이 되었든 여러분은 그런 사실을 믿어야 합니다. 이런 시각은 한 번도 저를 실망시키지 않았고, 인생의 고비마다 저를 바꾸어 놓았습니다."•

•리드 헤이스팅스 · 에린 마이어, 이경남 옮김, 2020, 《규칙 없음》, 알에이치 코리아, 25쪽.

안드로이드 로봇이 로봇임을 부정할 때 어떤 일이 일어날까?

〈플루토^{Pluto}〉(2023), 넷플릭스 애니메이션 시리즈^{8부작}

〈플루토〉는 우라사와 나오키^{Urasawa Naoki}의 동명의 만화를 원작으로 하는 애니메이션 시리즈이다. 우라사와 나오키는 테즈카 오사무^{Tezuka Osamu, 1928~1989}의 〈우주소년 아톰〉 중 '지상최대의 로봇' 편의 캐릭터들과 세계관을 유지한 채 많은 부분을 새롭게 창작함으로써 현대적 관점에서 로봇과 인간의 관계를 성찰해 내고 있다.

〈플루토〉는 로봇 기술이 고도로 발전된 미래의 지구를 배경으로 한다. 지구에는 세계 평화를 유지하기 위한 최고의 로봇 7대가 존재한다. 국제 형사로 재직 중인 독일의 게지히트, 스위스에서 산악 가이드를 하고 있는 몽블랑, 로봇 파괴자로 악명이 높은 전투형 로봇인 스코틀랜드의 노스 2호, 로봇 레슬러인 터키의 브란도, 브란도의 라이벌 격투가인 그리스의 헤라클레스, 광자에너지 기반의 극강의 전투력을 지녔으나 평화주의자로 고아를 돌보는 데 헌신하고 있는 오스트레일리아의 엡실론, 가장 인간에 가까운 로봇인 일본의 아톰이 그들이다. 플루토는 이 7대의 로봇을 파괴하기 위해 만들어진 최고의 전투력을 갖춘 로봇이다.

애니메이션은 플루토가 7대의 로봇을 1대씩 파괴하는 과정을 그리고 있다. 누가 플루토의 폭주를 막을 수 있을까?

〈플루토〉에 등장하는 로봇들은 4장에서 살펴본 영화 〈그녀〉²⁰¹³의 OS1인 사만다^{그녀}와는 다르게 인간의 모습에 가까운 안드로이드 로봇의 형태를 갖추고 있다. 그들은 완벽하지는 않지만 인간처럼 감정을 느끼는 존재로 그려진다. 인간의 모습을 한 인간화된 로봇, 엄청난 크기를 자랑하는 거대 로봇, 슈트에 탑승해 전투력을 극대화하는 인간화된 로봇 등은 모두 기억을 바탕으로 형성되는 감정을 느끼는 존재들이다.

죽은 경찰 남편 로봇과의 기억을 지우지 않겠다는 아내 로봇, 자신이 모시는 천재 음악가 폴 던컨과 음악을 매개로 우정을 쌓아가는 노스 2호, 연이은 살해 사건을 조사하는 과정에서 분노의 감정을 표출하는 게지히트, 동물과 소통하는 공감의 로봇인 아톰의 동생 우란 등은 인간보다 더 인간다운 감정을 가지는 존재로 그려진다.

자신이 로봇이라는 사실을 부정하고 싶을 만큼의 감정을 가지게 된 로봇과 인간은 과연 공존할 수 있을까? 인간과 소통하는 로봇^{또는 AI 기계}이 인간다움을 계속해서 갖추어간다면 세상은 어떻게 변하게 될까? 이 애니메이션이 우리에게 던지는 질문이다.

제1장

유발 하라리, 조현욱 옮김, 2015,《사피엔스》, 김영사

유발 하라리 · 다니엘 카사나브 · 다비드 반데르빌렝, 김명주 옮김,

2020,《사피엔스:그래픽 히스토리 Vol.1》, 김영사

오미영, 2013,《커뮤니케이션》, 커뮤니케이션북스

제2장

송기인, 2015,《커뮤니케이션학, 10인의 선구자》, 커뮤니케이션북스

차배근 · 이종혁, 2017,《커뮤니케이션학이란 무엇인가》, 서울대학교

출판문화원

톰 스탠디지, 노승영 옮김, 2015,《소셜 미디어 2,000년》, 열린책들

제3장

박영흠, 2018,《왜 언론이 문제일까?》, 반니

정동훈, 2020, 《미디어, 너 때는 말이야》, 넥서스

차배근 · 이종혁, 2017, 《커뮤니케이션학이란 무엇인가》, 서울대학교
출판문화원

제4장

정재민, 2020, 《인공지능 시대, 십 대를 위한 미디어 수업》, 사계절

정동훈, 2021, 《인공지능, 너 때는 말이야》, 넥서스

제5장

권혜령 · 송여주 · 이경혁 · 최은옥 · 홍완선, 2018, 《슬기로운 미디어
생활》, 우리학교

송기인, 2015, 《커뮤니케이션학, 10인의 선구자》, 커뮤니케이션북스

정인숙, 2013, 《커뮤니케이션 핵심이론》, 커뮤니케이션북스

제6장

송해엽 · 정재민 · 방상호, 2022, 《메타버스 쫌 아는 10대》, 풀빛

정동훈, 2021, 《가상현실, 너 때는 말이야》, 넥서스

피트 에철스, 하인해 옮김, 2023, 《게임의 재발견》, 비잉

공감과 소통의 힘
처음 커뮤니케이션학

초판 1쇄 발행 2024. 6. 20.

지은이   채희상
발행인   이상용 이성훈
발행처   봄마중
출판등록   제2022-000024호
주소   경기도 파주시 회동길 363-15
대표전화   031-955-6031
팩스   031-955-6036
전자우편   bom-majung@naver.com

ISBN 979-11-92595-45-0 43300

봄마중은 청아출판사의 청소년·아동 브랜드입니다.